Walter Gehres

# Als-Ob-Sozialisation?

ERZIEHUNG SCHULE GESELLSCHAFT

Herausgegeben
von
Winfried Böhm, Wilhelm Brinkmann,
Johanna Hopfner, Jürgen Oelkers, Roland Reichenbach,
Sabine Seichter, Michel Soëtard, Michael Winkler

BAND 77

Als-Ob-Sozialisation?

---

ERGON VERLAG

Walter Gehres

# Als-Ob-Sozialisation?

## Perspektiven auf die familiensoziologische Identitätsbildung von Pflegekindern

---

ERGON VERLAG

Bibliografische Information der Deutschen Nationalbibliothek
Die Deutsche Nationalbibliothek verzeichnet diese Publikation in der Deutschen Nationalbibliografie; detaillierte bibliografische Daten sind im Internet über http://dnb.d-nb.de abrufbar.


Gedruckt auf alterungsbeständigem Papier.
Umschlaggestaltung: Jan von Hugo
Satz: Sandra Kloiber, Ergon-Verlag GmbH

www.ergon-verlag.de

ISBN 978-3-95650-161-6
ISSN 1432-0258

Für Martina,
Adrian, Valentin, Johanna
und meine Eltern
Renate und Bernhard Gehres

# Vorwort

Im Zentrum dieser Publikation steht der Versuch, öffentlich verantwortete Sozialisationsprozesse am Beispiel von Pflegefamilien aufzuzeigen und dabei eine theoretische Rahmung vorzunehmen. Dabei stellt sich die Frage, ob eine Pflegefamilie als eine „Als-Ob-Familie" bezeichnet werden kann, d. h. als eine Familie, die im Vergleich mit den leiblichen Familien ihrer Pflegekinder einen gleichrangigen Status beanspruchen und damit der leiblichen Familie gegenüber ebenbürtig sein kann. In dieser Monographie versuche ich eine theoretisch und empirisch begründete Antwort auf diese Frage zu formulieren.

Die empirische Basis geht auf mehrere Forschungsprojekte zurück, die vor allem in der Zeit zwischen 2001 und 2009 am Institut für Soziologie der Universität Jena unter der Leitung von Bruno Hildenbrand entstanden sind und an denen ich als Wissenschaftlicher Mitarbeiter maßgeblich beteiligt war. In dieser Monographie ist es mir wichtig, Bezüge zu soziologischen Diskussionen, insbesondere im Zusammenhang mit der Familien- und Erziehungssoziologie, aber auch mit professionssoziologischen und wissenssoziologischen Überlegungen und Diskussionen herzustellen. Es handelt sich bei dieser Monographie um eine erweiterte Fassung eines Textes, den ich im Rahmen eines kumulativen Habilitationsverfahrens an der Universität Hildesheim verfasst habe. Dieses Buch kann insofern auch als eine Zwischenbilanz meiner bisherigen wissenschaftlichen Arbeiten im Bereich öffentlich verantworteter Sozialisation, am Beispiel von Pflegefamilien, gelesen werden.

Den aufmerksamen Lesern wird schnell auffallen, dass ich mich bei meinem Familienbegriff primär auf ein Mitte des 20. Jahrhunderts entwickeltes strukturtheoretisches Familienverständnis nach Parsons (1981) und Oevermann (1997; 2001; 2001a) beziehe und vor allem die Bedeutung triadischer Konstellationen hervorhebe. Obwohl das strukturtheoretische Verständnis häufig als antiquiert, „strukturkonservativ", „patriarchal" oder „ideologisch" kritisiert wird, sehe ich die Stärke dieses Ansatzes vor allem in seinem heuristischen (erkenntnisleitenden) Potential. Denn die bei diesem Zugang betonten kollektiven normativen Setzungen in Bezug auf leiblich konstituierte Familien erlauben nicht nur eine differenziertere Analyse, sondern befördern auch die von Klaus Wolf (2015, 289 ff.) geforderte Weiterentwicklung der Theorie im Bereich von Pflegefamilien. Dieser beklagt zurecht eine Diskrepanz zwischen einer „umfangreichen Empirie" einerseits und einer vergleichsweise bescheidenen „Theorieentwicklung" andererseits.

Die Kritik am Strukturmodell bezogen auf leibliche Familien[1] in der Tradition von Talcott Parsons bezieht sich zum einen auf zeithistorische Einflüsse und hebt zum anderen auf den Sozialisationsprozess betreffende Konzepte ab. Die auf die Sozialisation in den Lebensphasen der Kindheit und Jugend bezogenen Vorstellungen von Parsons und Oevermann sind eng mit dem Wissensstand der Psychoanalyse zur Mitte des 20. Jahrhunderts verbunden (dazu mehr im Kapitel über die „sozialisatorische Triade"). Die Frage, ob es einen Dritten benötigt, um von Familie sprechen zu können, wird von Parsons und Oevermann konstitutionstheoretisch bzw. protosoziologisch beantwortet, d. h. sie gehen davon aus, dass die Form der Kernfamilie (Mutter-Vater-Kind), die seit der Mitte des 20. Jahrhunderts in den modernen Gesellschaften die dominierende Familienform darstellt, von universaler Gültigkeit ist. Man kann dieser Kritik mit einem soziologischen Argument begegnen, indem man herausstellt, dass eine Soziologie mit zwei Menschen nicht begründet werden kann. George Herbert Mead (1973, vgl. auch Joas 2000) ist hier ein Referenzautor, der in seiner interaktionistischen Sozialisationstheorie deutlich macht, dass die Gesellschaft immer nur in Beziehung zu mehreren Personen gedacht werden kann: nämlich in Bezug zum, wie er es nennt, „Generalisierten Anderen". Mead würde argumentieren, dass es eine Sozialisation in einer Ein-Eltern-Konstellation (Mutter-Kind-Dyade) oder ähnlichen dyadischen Form gar nicht geben kann, weil immer jenseits einer Dyade entweder ein konkreter Dritter, z. B. der Vater bzw. eine andere primäre Bezugsperson oder die Gesellschaft mit ihren Erwartungen, Regeln, Werten und Normen in Form der vielen Anderen, als „Generalisierte Andere", im Sozialisationsprozess des Kindes auftauchen und vorhanden sind. Das Ziel des von Mead beschriebenen Prozesses der Sozialisation und Identitätsbildung ist wesentlich der Aufbau von Orientierungs- und Handlungsfähigkeit. Dabei wird die Fähigkeit der Perspektivenübernahme entwickelt, die über die Wahrnehmung des Anderen auch die Selbstwahrnehmung und damit den Aufbau von Identität ermöglicht. Eine soziale Integration ist nach Mead nur möglich, wenn Menschen sich normativ an den Werten und Normen der Gesellschaft orientieren und diese werden über die Figur des „Generalisierten Anderen" auf der Mikroebene repräsentiert.

Der zeithistorische Kritikpunkt fokussiert auf die von Parsons nicht hinterfragte Übernahme dominanter Vorstellungen und Praxen in Bezug auf Familien in der Mitte des 20. Jahrhunderts in den USA und auch in der Bundesrepublik. Demnach ist der Vater als Ernährer für die Versorgung der Familie und die Mutter als Hausfrau für die Kinder und emotionale Aufgaben, also den Binnenbereich von Familien, in erster Linie zuständig (vgl.

[1] Wenn ich von leiblichen Familien spreche, bedeutet das, dass auch die biologisch begründete Elternschaft immer auch in soziale Kontexte eingebunden ist.

z. B. Bertram/Bertram 2009). Bei diesem Modell der Kernfamilie schreibt Parsons fürsorgliche Aufgaben in Familien (von ihm als „expressive Funktionen" bezeichnet) primär den Müttern und fordernde, versagende und auch den Familienrahmen transformierende Aufgaben (von ihm „instrumentelle Funktionen" genannt) primär den Vätern zu.

Diese Kritik teile ich, halte aber ein von den historischen Einflüssen bereinigtes Modell von Parsons insofern für sinnvoll, weil ich davon überzeugt bin, dass die beiden von Parsons beschriebenen zentralen sozialisatorischen Grundaufgaben von Familien auch heute noch, trotz der Pluralisierung von Familienformen und gesellschaftlichen Veränderungen, in der „regressiven Moderne" (Nachtwey 2016) geleistet werden müssen. Das bedeutet, dass Eltern in jeder Familienform herausgefordert sind, diese beiden Funktionen (expressiv und instrumentell) gegenüber ihren Kindern zu erfüllen. Der Fokus hat sich bei einem modernen Familienverständniss, wie es z. B. von Jurczyk/Lange/Thiessen (Hrsg. 2014) vertreten wird, verändert und Familie wird vor allem als situativer und interaktiver Lebenszusammenhang konzeptualisiert, der eine ständige Herstellungsleistung der daran beteiligten Akteure erforderlich mache. Eine Folge davon bestehe darin, dass Familien heute mit noch vielen anderen Aufgaben konfrontiert würden (vgl. z. B. auch Winkler 2012). In der Tat spielt der performative Aspekt bei Parsons keine wesentliche Rolle, was u. a. auch mit seiner markrostrukturellen Sicht auf Familie zusammenhängt. Daher sehe ich in den von Parsons hervorgehobenen expressiven und instrumentellen Funktionen von Familien notwendige, aber nicht hinreichende Grundaufgaben, die auf Familien zukommen, wenn sie nach außen einen Beitrag für die Vorbereitung der sozialen Integration ihrer Kinder in andere Institutionen der Gesellschaft leisten, als auch nach innen einen geschützten Entwicklungsrahmen bereit stellen wollen. Aktuelle Studien über die Situation von Mittelschichtsfamilien zeigen die nach wie vor bestehende Problematik in dieser Hinsicht (vgl. z. B. Koppetsch/Speck 2015; König 2012; Wimbauer 2012; auch Nave-Herz 2015, 70 ff.).

Im Kontext der hier verhandelten besonderen Familienform der Pflegefamilie sind die besonderen sozialisatorischen Differenzen der Institution der Familie in der Perspektive des strukturfunktionalischen Ansatzes gegenüber anderen sozialen Institutionen (z. B. Kindergartengruppe, Freundesgruppe, Lehrer-Schüler-Verhältnis usw.) besonders aufschlussreich, weil sie Unterschiede formulieren, die nur in leiblichen Familien nachweisbar sind, insbesondere wie das neugeborene Kind auf die Welt kommt und die nicht gleichwertige Ersetzbarkeit des Personals. Daraus folgt, dass die Positionen von Mutter, Vater und leiblichem Kind nicht verhandelbar sind, sondern exklusive Alleinstellungsmerkmale leiblicher Familien begründen.

Diese strukturelle Ausgangslage hat Folgen für das Zusammenleben in Pflegefamilien. Das Verständnis dieser Sachverhalte ermöglicht einen differenzierten Blick auf immer wieder in der Literatur, in Studien und in der Praxis thematisierte Situationen im Zusammenleben in Pflegefamilien. Das betrifft insbesondere die sozialisatorische Sondersituation von Pflegekindern, die darin besteht, dass sie in zwei Familiensystemen sozialisiert werden. Diese Nicht-Hintergehbarkeit wird gegenwärtig auch in der Literatur offensiver thematisiert, indem die Positionen von Herkunftsfamilien, vor allem der Herkunftsmütter im Beziehungsgeflecht Herkunftsfamilie, Pflegefamilie und Kind unter der Aufsicht der Jugendhilfebehörden und rechtlich gerahmt durch Gerichte, intensiver diskutiert werden. Hauptsächlich Rohwetter/Böner Zollenkopf (2016) befassen sich gegenwärtig intensiver mit der Bedeutung von Müttern[2] als signifikante Bezugspersonen auch bei fremd untergebrachten Pflegekindern vor dem Hintergrund ihrer therapeutischen und sozialpädagogischen Praxis.[3] Mit diesem Vorhaben knüpfen sie u. a. an die Idee von Minuchin/Colapinto/Minuchin (2000) an, die Herkunftsmütter (und Herkunftsväter, sofern sie für das Kind erreichbar sind) auch weiterhin in der Erziehungsverantwortung zu belassen.

Ich bedanke mich bei Kolleginnen und Kollegen, die mich mit ihren kritischen Kommentaren immer wieder ermutigt haben, neu über die hier verhandelten Sachverhalte nachzudenken und mir interessante Hinweise gegeben haben. Ein für wissenschaftliche und professionelle Kontexte grundlegender Vorgang, sich immer wieder neu mit Themen, Kritik, Ungeklärtem, Ambivalentem, Provokantem, Paradoxien, Widersprüchen und Diskursen kritisch zu befassen, und dabei nach Möglichkeit neue Erkenntnisse zu Tage zu fördern. Insofern handelt es sich bei den hier vorgelegten theoretischen Erörterungen, Konzepten und Schlussfolgerungen aus der Forschung um den gegenwärtigen Diskussionsstand und eine Zwischenbilanz meiner soziologischen Überlegungen, Konzepte und bisherigen Forschungsergebnisse zum Themenfeld öffentlich verantworteter Sozialisation am Beispiel von Pflegekindern.

2 Überzeugend ist die Argumentation der beiden Autorinnen in ihrem Vorwort bezogen auf den Begriff „Herkunftsmutter", wenn Sie schreiben: „Schon allein an den verschiedenen Namen, die diesen Frauen gegeben werden – Herkunftsmutter ist nur einer davon – wird einiges davon deutlich, was den Frauen an Ressentiments entgegengebracht wird. Nach der üblichen Definition sind Mütter der weibliche Teil des Elternpaares, der Teil, der das Kind zur Welt gebracht hat. Deshalb sind sie auch keine ‚abgebenden Mütter', das impliziert ja, dass es annehmende Mütter gäbe. Wir meinen: Die Mütter sind die Mütter. Es gibt Mütter, rechtliche Mütter (Adoptivmütter) und Pflegemütter" (Rohwetter/Böner Zollenkopf 2016, 7).

3 Sie schreiben: „Uns geht es darum, wie nach einer notwendig gewordenen Inobhutnahme der Kontakt zu den leiblichen Eltern gestaltet werden kann" (Rohwetter/Böner Zollenkopf 2016, 11).

Mein besonderer Dank gilt u. a. vor allem Ernst von Kardorff, Michael Winkler, Bruno Hildenbrand, Regina Soremski, Harriet Kirschner, Hanna Lessel, allen ehemaligen Pflegekindern, Pflegefamilien, Herkunftsfamilien, Freien Trägern und Jugendhilfebehörden, die unsere Forschung unterstützt haben, zuweilen auch weiterhin unterstützen, David Möller und Sandra Kloiber vom Ergon Verlag für ihre wertvollen redaktionellen Vorschläge und insbesondere meiner Frau Martina Gehres für ihre kritischen und konstruktiven Hinweise, ihre Unterstützung und Geduld über all die Jahre hinweg.

Berlin, den 24. Juni 2016
Walter Gehres

*Inhalt*

# Einleitung

Prozesse der Sozialisation von Kindern und Jugendlichen in Familien, insbesondere leiblich konstituierten Familien, sind komplex[1] und lassen sich unter verschiedenen Perspektiven betrachten.

Während man unter „Sozialisation" im klassischen Sinne die im 19. Jahrhundert von Emil Durkheim entwickelte Vorbereitung des einzelnen Menschen an die damals entstehende arbeitsteilig organisierte frühkapitalistische bürgerliche Gesellschaft verstand (vgl. z. B. Durkheim 1973, 153 ff.) hat sich seit der Mitte des 20. Jahrhunderts auch der Sozialisationsbegriff ausdifferenziert. So formulieren Geulen/Hurrelmann (1980) das bis heute gültige moderne Verständnis von Sozialisation als „Prozeß der Entstehung und Entwicklung der Persönlichkeit in wechselseitiger Abhängigkeit von der gesellschaftlich vermittelten sozialen und materiellen Umwelt. Vorrangig thematisch ist dabei die Frage, wie sich der Mensch zu einem gesellschaftlich handlungsfähigen Subjekt bildet" (Geulen/Hurrelmann 1980, 51, ebenso Tillmann 2010). Bei diesem Verständnis bleibt offen, wie sich das Verhältnis zwischen sozialer Integration und individueller Entwicklung bzw. individuellen Einwirkungsmöglichkeiten auf soziale Kontexte im jeweiligen konkreten Sozialisationsprozess gestaltet. Tendenziell wird der einzelne Mensch und seine Ontogenese mehr in den Mittelpunkt der Betrachtung gerückt als dies beim Verständnis von Emilie Durkheim der Fall war. Angesichts der Gleichzeitigkeit von kollektiven De-Institutionalisierungs- und forcierten Individualisierungsprozessen im Zuge von sich weiter ausdifferenzierenden westlichen Gesellschaften heute (vgl. z. B. Kohli 1986, Beck 1986; Kalupner 2003; Rosa 2005) werden die Konflikte und Pfade zwischen kollektiven und individuellen Entwicklungen größer und es stellt sich die Frage, ob die beim modernen Sozialisationsbegriff latent angelegte wechselseitige Balance zwischen Individuen und sozialen Institutionen noch zutrifft, bzw. ob die soziale Integration noch als normative Folie westlicher Gesellschaften gelten kann. Daher entspricht ein postmodernes Verständnis von Sozialisation eher der heutigen Sozialisationspraxis. Dieses Verständnis fokussiert vor allem auf das vielschichtige Spannungsverhältnis zwischen den einzelnen Menschen und ihrer materiellen, sozialen, biologischen, kulturellen und medialen Umwelt. Es geht um die Entwicklung von Menschen, die ihnen einerseits die soziale Integration ermöglichen, d. h. das kooperative Zusammenleben und -arbei-

---

[1] Diese Komplexität ist in anderen Familienformen wie z. B. Ein-Eltern-Familien, Patchworkfamilien, Adoptiv- und Pflegefamilien, gleichgeschlechtlichen Familien usw. genauso vorhanden und wird in der Regel noch gesteigert, weil sehr unterschiedlich strukturierte Familiensysteme und Bezugspersonen der Kinder aufeinandertreffen und ihre Beziehung gestalten müssen.

ten mit den Mitmenschen (Solidarität, Gemeinsamkeit mit der sozialen Umwelt und soziale Anerkennung in Institutionen), und andererseits um die Ausbildung einer individuellen Handlungs- und Urteilsfähigkeit (zur Abgrenzung von der sozialen Umwelt). Mit dieser Verlagerung der Perspektive weniger auf gesellschaftliche Institutionen, Strukturen und Entwicklungen wie noch z. B. bei Durkheim hin auf das Wechselverhältnis zwischen Gesellschaft und Individuum bei Geulen/Hurrelmann heutzutage treten auch Themen wie z. B. biographische Konflikte, Ambivalenzen, Paradoxien, das Nicht-Gelingende der sozialen Integration vermehrt in das Blickfeld der Sozialisationsforschung. Damit können ontogenetische Prozesse komplexer betrachtet und differenzierter analysiert werden.

Sowohl in einem modernen[2] als auch postmodernen[3] Verständnis vollzieht sich die Sozialisation als ontogenetischer Entwicklungsprozess, gerahmt von

---

2 Als „Moderne" werden in den Wissenschaften seit dem Beginn des 20. Jahrhunderts Ansätze, Theoretiker und wissenschaftliche Konzepte verstanden, die die seit Descartes dominierende Radikalität von Rationalität und Universalität wissenschaftlichen Wissens mit der „Mathesis universalis" (d. h. einer auf mathematischen Verfahren basierenden geltenden wissenschaftlichen Methode für alle wissenschaftlichen Disziplinen) ablehnen und stattdessen auch in den Naturwissenschaften „Pluralität" und „Partikularität" von Wissen, Erkenntnissen („alle Erkenntnis ist limitativ", Welsch 2008, 77) hervorheben. „Denn es kommt dadurch im Hauptstrang der Neuzeit, in der Bahn der wissenschaftlich-technischen Entwicklung selbst zu einer Grundsatzrevision. Was zuvor von anderen Feldern – beispielsweise der Kulturtheorie oder der Ästhetik – her als Kritik vorgetragen worden war, bricht jetzt in den Kernlanden der szientifischen Rationalität selbst auf und wird daher schnell verbindlich. (...) Pluralität, Diskontinuität, Antagonismus, Partikularität dringen jetzt in den Kern des wissenschaftlichen Bewusstseins ein. Monopolismus, Universalität, Totalität, Ausschließlichkeit werden ausgeschieden" (Welsch 2008, 78). Die Vollendung dieses Projektes wird dann nach Welsch von den Autorinnen und Autoren der Postmoderne geleistet. „Denn der philosophische Postmodernismus ist im Grunde nichts anderes als die entschiedene Praxis und theoretische Reflexion des Pluralismus, der die Grundverfassung unserer Moderne, der Moderne des 20. Jahrhunderts, ausmacht" (Welsch 2008, 79).

3 Unter dem Begriff der „Postmoderne", „postmoderne Gesellschaften" oder „postmodernes Wissen" (Lyotard 1986) werden ganz unterschiedliche Ansätze, Autorinnen und Autoren zusammengefasst (zur Übersicht vgl. z. B. Welsch 2008, 9-44; Münker 2012; Belsey 2013). Gemeinsame Kennzeichen dieser Ansätze ist u. a. die Kritik an geschichtsphilosophischen Fortschrittsmodellen, an der Idee von universalen Begriffen, Denk- und Handlungsformen. Themen sind stattdessen Individualisierungsprozesse in westlich geprägten Gesellschaften, Pluralisierung von Lebens- und Beziehungsformen und Vielfalt: die „Konzeption der Pluralität" (Welsch 2008, 42), die „Beschleunigung" (z. B. Rosa 2005) von Lebensverhältnissen und in deren Folge die Veränderungen von Grenzen und Strukturen. Im Fokus der Texte und Analysen stehen daher eher das Widersprüchliche, Ambivalente, Situative, Dekonstruktive moderner Gesellschaften (vgl. z. B. Lyotard 1986; Derrida 1974; Baudrillard 2015; Foucault 2014; Butler 2012; kritisch Welsch 2008). Interessant ist in diesem Zusammenhang eine Entwicklung in den letzten Jahrzehnten, zumindest in Deutschland, nämlich ein Trend zur „Standardisierung", Reglementierung von immer mehr Lebensbereichen. Da ist die Rede von „Bildungsstandards" im Feld schulischer und frühpädagogischer Sozialisation, von Standards in vielen Bereichen Sozialer Arbeit, das Wiederaufleben von historisch belasteten

einem Geflecht von Sozialisationsbedingungen, denen Menschen in modernen und postmodernen Gesellschaften ausgesetzt sind. In der Literatur findet man dafür häufig den Begriff „Strukturmodell der Sozialisationsbedingungen" (Geulen/Hurrelmann, zitiert bei Tillmann 2010, 22). Dieses „Ebenenmodell" bildet den heuristischen Rahmen der Sozialisationsforschung (graphisch veranschaulicht z. B. bei Tillmann 2010, 23 oder Veith 2008, 22). Ein heuristischer Rahmen bedeutet, dass mit der Darstellung der verschiedenen Ebenen oder Systeme noch keine Aussage darüber gemacht wird, wie Sozialisationsprozesse stattfinden und welche Folgen sie für den Lebensverlauf des einzelnen Menschen haben. Ein heuristischer Rahmen ist ein wissenschaftliches Hilfsmittel, eine Anleitung, um komplexe Zusammenhänge besser strukturieren (ordnen) zu können. Das Modell beinhaltet vier Ebenen (zur Vertiefung vgl. z. B. Tillmann 2010, 23 f.), von der Makro- über die Meso- bis hin zur Mikroperspektive. Ebene 4 bildet die Gesamtgesellschaft, oder wie es Veith nennt, „gesellschaftliche Systemstrukturen" (23). Darunter werden das Wirtschaftssystem, das Politisches System sowie „soziale und kulturelle Strukturen der Gesellschaft" (Veith 2008, 22) verstanden.

Auf der nächsten Ebene (3) finden sich die „Vergesellschaftungsformate" (Veith 2008), die Institutionen. Eine Institution ist eine soziale Einrichtung, „die soziales Handeln in Bereichen mit gesellschaftlicher Relevanz dauerhaft strukturiert, normativ regelt und über Sinn- und Wertbezüge legitimiert" (Reinhold 2000, 295). Diese Institutionen sind Zweierbeziehungen, Gruppen, Netzwerke, Organisationen wie z. B. Betriebe, Kirchen, Militäreinrichtungen, Sportvereine, Verbände, Parteien, „organisierte Sozialisationsinstanzen"[4], die Strukturen der Alltagswelt (sie ermöglichen das Verstehen und die Orientierung im Alltag) und die Medienkultur (heute vor allem das Fernsehen, das Internet und soziale Netzwerke im Internet). Die Gesamtheit dieser Institutionen stellen aus der Sicht des einzelnen Menschen seine Lebensbereiche dar. Innerhalb dieser Lebensbereiche handeln Menschen wechselseitig aufeinander bezogen. Es kommt zu mannigfaltigen Interaktionssituationen und Tätigkeiten (Ebene 2). Damit ist der wechselseitige Austausch mit den anderen Menschen gemeint.

---

Begriffen und Etiketten wie z. B. dem Begriff der „Verwahrlosung" oder dem Etikett eines „verhaltensauffälligen Kindes/Jugendlichen" im Kontext der Jugendhilfe. Oder die Forderung einiger Professioneller verschiedener wissenschaftlicher Disziplinen nach „Qualifizierung" von Eltern zum Beispiel durch Bildungsangebote bereits in der pränatalen Phase der Familiengründung bis hin zum Erwerb eines „Elternführerscheins" usw. Alle diese Entwicklungen widersprechen einer postmodernen Konzeption und zeigen offenbar eine Widersprüchlichkeit in postmodernen Gesellschaften, die sich durch eine Gleichzeitigkeit von der Eröffnung neuer Optionen im Sinne poststrukturalistischen Denkens und einem partiellen Trend zu einer Rückkehr zu vormodernen (kollektiven) Denk- und Handlungsmustern auszeichnet.

4 Darunter versteht Veith (2008) z. B. Kitas, Schulen, Hochschulen, Kinderheime, Pflegefamilien.

Dieser Austausch wiederum hat einen erheblichen Einfluss auf die erste und primäre Ebene der Sozialisation, nämlich die Persönlichkeitsentwicklung.

Menschliches Handeln und menschliche Beziehungen haben einen Verlauf, eine Geschichte, und das bedeutet, dass Normen und Werte sich ändern können, dass je nach Alter des einzelnen Menschen der Austausch und das wechselseitige Verständnis sich sehr unterschiedlich vollziehen. Die Interaktion zwischen einem Säugling und seinen Eltern hat andere Inhalte und Forderungen zum Gegenstand als die Interaktion zwischen dem gleichen Kind und den gleichen Eltern, wenn dieses Kind zwei oder sieben Jahre oder gar 15 Jahre alt ist. Mit dem Sozialisationsbegriff ist daher nicht bloß ein topologisches Modell zur Erklärung von Verbindungen, Schnittstellen zwischen gesamtgesellschaftlichen Bedingungen, Einflüssen und dem einzelnen Menschen gemeint, sondern auch immer ein Prozess. Ort und Zeit der Sozialisation ändern sich. Das bedeutet für den einzelnen Menschen, dass sein alltägliches Wissen, seine Erfahrungen, Einstellungen und seine Fähigkeiten sich im Laufe der Zeit wandeln. Wissensinhalte, Erwartungen, Regeln, Werte und Normen werden soweit verinnerlicht, dass die betreffende Person zuweilen gar nicht mehr weiß, dass sie diese Sachverhalte in früheren Phasen der Ontogenese unhinterfragt verinnerlicht hat (vgl. z. B. den phänomenologischen Ansatz in der Tradition von Alfred Schütz 1971; Berger/Luckmann 2003, mehr dazu im Kapitel über „wissenssoziologische Zusammenhänge"). Dieses Wissen und diese Praxen werden quasi zur Routine, zur Selbstverständlichkeit. Das heißt, die davon betroffene Person denkt nicht mehr über ihr Handeln nach (z. B. das Treppensteigen, oder die Stricknadel nicht in die Steckdose zu stecken).

## *Zum sozialwissenschaftlichen Verständnis von Identität*

Der Identitätsbegriff[5] gehört seit dem 20. Jahrhundert zu den theoretischen Grundbegriffen vieler wissenschaftlicher Disziplinen (vgl. z. B. Straub 1998, 73 ff.). Dementsprechend gibt es auch eine lange Reihe von Identitätsvorstellungen[6]. Sie reichen von der Philosophie (z. B. Descombes 2013; Vogelsang 2014; Derrida 1974), der Psychologie (z. B. Keupp/Höfer 1997), der Psychoanalyse (z. B. Rüsen/Straub 1998; aktuell Walz-Pawlita/Unruh/Janta 2015), Eriksons Identitätsvorstellung (z. B. Erikson 2000), der Kulturwissenschaft (z. B. Assmann 1999) bis hin zu den eher soziologischen Konzeptionen von Lothar Krappmann (1997; 2010), Oevermann (2002; 2004) und anderen So-

---

5 Einen guten Überblick vermittelt der Aufsatz von Jürgen Straub (1998) und Rosa (2005, 352 ff.).

6 An manchen Stellen werden Passagen aus meinen früheren Publikationen übernommen.

ziologen (vgl. z. B. Strauss 1959; Joas 2000; Abels 2010; Kaufmann 2004; 2008; Hidas 2014).

Bekannt wurde der Identitätsbegriff in der Psychologie im Zusammenhang mit den Forschungsarbeiten von Erik H. Erikson, der sich mit „psychosozialen Krisenerfahrungen von Individuen" (Straub 1998, 75) beschäftigt hat. Erikson versteht unter Identität „aktive, psychische Synthetisierungs- oder Integrationsleistungen" (Straub 1998, 75) einer Person, um sich selbst der Kontinuität und Kohärenz seiner Lebenspraxis zu versichern. Anlässe hierfür sind bei Erikson Erfahrungen des „Fragwürdigwerdens von Handlungs- und Lebensorientierungen, welche dem Dasein des heranwachsenden Kindes und Jugendlichen bislang Halt und Richtung verliehen" (Straub 1998, 83) haben. Identitätskrisen zeigen sich für Erikson vornehmlich in der Lebensphase der Adoleszenz (zur Vertiefung und Kritik an Eriksons Ansatz vgl. z. B. Habermas 2015, 43 ff.).

In der Soziologie ist der Identitätsbegriff vor allem mit dem symbolisch vermittelten Interaktionismus in der Tradition George Herbert Meads (1973), Erving Goffmans (1996; 2015) Anselm Strauss (1959) und in Deutschland mit Arbeiten von Lothar Krappmann (1997) und seinem Konzept der „Identitätsbalance" verbunden. In dieser Tradition wird das „zu eigenständigem und kreativen Denken und Handeln fähige Subjekt" (Straub 1998, 77) hervorgehoben. Die immer wieder herzustellende Syntheseleistung wird in dieser Theorietradition vornehmlich von sozialen und biographischen Einflüssen abhängig konzeptualisiert. Anselm Strauss (1959) beleuchtet in seiner klassischen Studie über Identität sowohl die Sprachentwicklung des Menschen als auch Interaktionsprozesse, insbesondere in der Beziehung zu relevanten Bezugspersonen. Dabei benutzt er die Metapher vom rohen Ei, um sein Verständnis von Entwicklung zu verdeutlichen. Er denkt sich Identitätsbildung nicht als „Strecke" mit einem Anfang und Endpunkt, sondern als eine Entwicklung, die durch vielfältige Veränderungen und Transformationen gekennzeichnet ist. Dieses Bild erinnert an Mead und den Prozess der Self-Bildung. Man kann diese Monographie auch als eine Präzisierung von an Interaktionserfahrungen gebundenen Prozessen verstehen, die Mead ebenfalls, wenngleich weniger differenziert, beschrieben hat; wie z. B. das „role-taking". Strauss möchte die Komplexität und Entwicklung der „Selbst-Anderer-Verwicklung" (Strauss 1959, 66) deutlich machen.

In soziologischen Konzepten der Identität geht es immer um die Selbstverortung auf der Grundlage von Eingebundensein in soziale Kontexte. Hieraus resultieren Spannungen, zuweilen Widersprüche zwischen den einerseits eher individuellen, biographischen und andererseits den eher kollektiv geprägten Anteilen der Identität. Man kann somit festhalten, dass bei der Identitätsbildung immer das Wissen/Nicht-Wissen und der Umgang mit der eigenen Herkunft und die im Rahmen der Sozialisation gemachten interaktiven Erfahrungen eine zentrale Rolle spielen. Immer wieder kann man, wenn man die Leidensgeschichte von Menschen im Allgemeinen und z. B. von Heim- und Pflegekindern im Besonderen untersucht, feststellen, dass die Selbstvergewisserung häufig im frühen Erwachsenenalter zu einem gelingenden Übergang in den Erwachsenenstatus dazu gehört. Deshalb ist die Auseinandersetzung mit der Herkunftsfamilie eine wichtige Bedingung für gelungene Identitätsbildungsprozesse bei Kindern und Jugendlichen, die zumindest zeitweise im Rahmen öffentlich verantworteter Sozialisation aufgewachsen sind.

Unter „Identität" verstehe ich daher ein dynamisches und prozesshaftes Konzept, bei dem es um die „Integration von Verschiedenem (bzw. vom Subjekt Unterschiedenem) in eine insgesamt stimmige Gestalt" (Straub 1998, 92) geht. Sie ist, wie es Straub formuliert, „das Resultat psychischer Integrationsleistungen, die man theoretisch als eine Synthesis des Heterogenen begreifen kann. (...) Wer sein Dasein und sich selbst als eine in den angesprochenen Hinsichten kohärente (zusammenhängende, Anm. d. V.) und kontinuierliche Einheit empfindet und mit symbolischen Mitteln zum Ausdruck bringen kann, bildet und präsentiert in solchen Akten nicht bloß Identität, sondern restituiert und stabilisiert uno actu (in einem Akt, ohne Unterbrechung, Anm. d. V.) die Grundlage seiner sozialen Kommunikations-, Handlungs- und Interaktionsfähigkeit unter modernen Bedingungen gesteigerter Kontingenz[7]-, Differenz- und Alteritätserfahrungen[8]. Die Bildung eines unter Kohärenz[9]- und Kontinuitätsansprüchen stehenden personalen Selbst- und Weltverhältnisses steht im Dienste der Autonomie des Subjekts. Identität gilt zu Recht als ‚begrifflicher Verwandter' von Autonomie. Jeder dieser Begriffe ist ohne den anderen kaum hinreichend zu bestimmen" (Straub 1998, 92-93).

Identität hat auch immer mit Reflexionsfähigkeit und Lernbereitschaft zu tun, d. h., man muss immer wieder zum „role-taking" und „role-making" (Turner 1962) bereit sein und zuweilen auch reflektierend die „Techniken der Imagepflege" (Goffman 1986, 10 ff.; 2015) kultivieren. „Differenzen und Ambiguitäten auszuhalten, sie als solche zu erkennen, anerkennen und mit ihnen umgehen zu können ist ein Bestandteil gelingender ‚Identitätsarbeit'" (Straub 1998, 95). Zur Bildung und Bewahrung dieser Identitätsarbeit können u. a. die von Krappmann aufgelisteten identitätsfördernden Fähigkeiten fungieren:

7 Kontingenz bedeutet die Zufälligkeit, das Möglichsein (im Gegensatz zur Notwendigkeit).

8 Alteritätserfahrungen bringen auf das Lebensalter bezogene bzw. davon abhängige Erfahrungen zum Ausdruck.

9 Unter Kohärenz versteht man die Notwendigkeit der Synthesebildung, die Herstellung von Zusammenhängen. Bei Krappmann (1997) wird das „Identitätsbalance" genannt. Zum philosophischen Konzept der Kohärenz vgl. den instruktiven Aufsatz von Schmid (1996).

Empathie, Rollendistanz, Ambiguitätstoleranz, Identitätspräsentation (vgl. z. B. Krappmann 2010) und die Entwicklung des Sprachvermögens. Auch in den heutigen zahlreichen Diskussionen über Identität und ihren Wandel in postmodernen Zeiten mit einer bereits oben angedeuteten widersprüchlichen gesellschaftlichen Ausgangslage, nämlich der Gleichzeitigkeit von De-Institutionalisierungsprozessen und Tendenzen zur Vereinheitlichung (z. B. der Forderung nach Standards im Rahmen von Jugendhilfemaßnahmen und im Kinderschutz) und damit einer forcierten Institutionalisierung heben die Notwendigkeit von Identität im Sinne eines dauerhaften und über alle Lebensalter hinweg immer wieder zu leistenden Herstellungsprozesses einer Selbstvergewisserung als Grundlage von Orientierung im sozialen Raum und der Sicherstellung von Handlungsfähigkeit nicht auf. Insofern weist z. B. Hidas (2014) zu Recht darauf hin, dass in der heutigen Zeit ein Zwang zur Selbstvergewisserung, zur Orientierung in einer sozialen Welt bestehe, die von Widersprüchen geprägt sei und daher immer auch wieder das Nicht-Identische zur Folge habe.

Straub (2015) verschärft in einem neuen Beitrag dieses Argument, in dem er postuliert: „Anforderungen, Aufgaben und auch Attraktionen, die das Selbst in eine Richtung treiben, an deren äußerstem Ende dissoziative Störungen in Gestalt einer fragmentierten, multiplen Persönlichkeit angesiedelt sind, sind in einer komplexen, häufig unübersichtlichen und undurchschaubaren Welt im Zeitalter der Kontingenz normal. Das Nicht-Identische ist also Bestandteil jeder personalen Identität und gerade nicht sein bloßes Gegenstück (wie oft suggeriert wird). Die Psychoanalyse, aber auch der amerikanische Pragmatismus und symbolische Interaktionismus sowie einige weitere theoretische Ansätze haben das stets so gesehen und vertreten bis heute diese Auffassung. Die Anpassung an funktionale Imperative einer permanenten, mithin niemals abschließbaren, sondern stets nur ersehnten (und anzustrebenden) Identitätsbildung sollte im Übrigen nicht mit dem Verzicht auf die (prinzipiell nur partiell erreichbare) Autonomie eines urteils- und handlungsfähigen Subjekts verwechselt werden" (Straub 2015, 27-28).

Straub spricht in diesem Aufsatz von einer „partiellen Autonomie" als Ziel der Autonomiebildung und postuliert die Entwicklung „offener Selbststrukturen". Sein Ansatz erinnert an das Konzept der Identitätsbalance[10] von Krappmann (2010), wenn er die Herausbildung einer „komplexen, narrativen Identität" (Straub 2015, 31) hervorhebt, deren zentrale Leistung darin bestehe, sich zwischen den beiden Polen „Totalität" (vollkommene individu-

10 Krappmann beschreibt sein Konzept der Identitätsbalance prägnant folgendermaßen: „Nicht Inhalte machen diese Identität aus, sondern bestimmt wird sie durch die Art, das Verschiedenartige, Widersprüchliche und Sich-Verändernde wahrzunehmen, es mit Sinn zu füllen und zusammenzuhalten. Da Menschen im Laufe ihres Lebens in neue Situationen geraten, müssen sie Balancen immer wieder neu tarieren" (Krappmann 1997, 81).

elle Autonomie und Abgrenzung gegenüber sozialen Kontexten) und „Multiplizität" (weitestgehende Hingabe an soziale Erwartungen und Anforderungen mit der Folge einer fragilen Identität) zu bewegen. Am Beispiel des autobiographischen Romans von Hoffmann (1993) über die Bewältigung moderner Herausforderungen für Identitätsbildung im Kontext von Migration verdeutlicht Straub sein Ideal einer gelungenen Identitätsbalance heute, wenn er betont, dass diese Akteurin stellvertretend für viele Menschen in der westlichen Welt heute in der Lage gewesen sei, eine „dezentierte und transitorische Identität" aufzubauen, „die im radikal pluralistischen Zeitalter der Kontingenz unentwegt dazu angehalten ist (und sich entsprechend anstrengt), die Totalität als Selbst-Form ebenso zu vermeiden wie eine in die pathologische Multiplizität führende dissoziative Fragmentierung des Selbst" (Straub 2015, 39). Jenseits der bei Straub verkannten strukturellen Faktoren, die dazu führen, dass nur Menschen bestimmter Milieus solchen Kontingenzen ausgesetzt sind (also Menschen aus bestimmten sozialen Milieu und in besonderen sozialen Lagen), ist Straub insofern zuzustimmen, als Menschen heutzutage zunehmend gezwungen sind, identitätsstiftende Erfahrungen und Strukturen mit nicht identischen Erfahrungen und Strukturen auszubalancieren. So dass man sagen kann, dass Identität heute immer auch einer Anstrengung bedarf, das Nicht-Identische, das Ambivalente, Paradoxe, Fremde, Irritierende anzunehmen, sich damit auseinanderzusetzen und in die eigene Selbstverortung zu integrieren. Insofern ist Identität vor allem ein immer wieder zu leistender Herstellungsprozess zur individuellen Selbstvergewisserung und sozialen Verortung.

Mit diesem Konzept einer „partiellen Autonomie" als Ziel und einem Identitätsverständnis, das Brüche, Paradoxien, Widersprüche moderner und postmoderner Lebensbedingungen integriert, kann ein großer Anteil der Kritik an Identitätsbegriffen aufgefangen werden. Diese Kritik richtet sich vor allem auf den Identitätsbegriff, dem unterstellt wird, dass er sich seit dem Aufkommen der bürgerlichen Gesellschaft auf die Identität des bürgerlichen Subjekt bezieht. Diese Identität werde zwar im Zuge moderner bzw. postmoderner Lebensbedingungen prekärer bzw. wie es Baumann (2003) formuliert „flüchtiger" oder stelle sich als „Patchworkidentität" (Keupp u. a. 1999) dar, aber sie löst sich nicht auf. Stattdessen wird moderne bzw. postmoderne Identität als verunsichernde, vor allem an den Rändern ausgefranste Identität sichtbar. Allerdings wird das mit dem Identitätsbegriff als wissenschaftlichem Konstrukt angesprochene Thema mit der zentralen Frage nach dem Ursprung der eigenen Existenz auch für Menschen an diesen Rändern in ihrer Lebenswelt relevant und zwar dann, wenn z. B. ein äußeres Ereignis (z. B. eine Platzierung in einer Fremdfamilie oder wenn der Vater bei einer künstlichen Befruchtung nicht bekannt ist) eintritt, oder Menschen sich in einer bestimmten Lebensphase befinden, z. B. in der Adoleszenz. In diesen Situationen werden Fragen sowohl nach der biographischen Vergangenheit als auch in Bezug auf die eigenen Lebenspläne vordringlich und es stellen sich Entwicklungsaufgaben, die man in gewissem Sinne an Erikson angelehnt auch heute noch diskutieren kann, auch wenn die acht Entwicklungsphasen, die Erikson herausgearbeitet hat, in dieser Form heute nicht mehr existieren, vor allem in den von ihm benannten Altersgruppierungen sich zuweilen überlappen und möglicherweise neue Entwicklungsaufgaben hinzugekommen sind. Zum Beispiel sind junge Menschen heute bei der Bildung ihrer eigenen Geschlechtsrollenidentität (z. B. heterosexuell, homosexuell, Transgender usw.) Diskursen ausgesetzt, die sich von denjenigen zu Eriksons Zeit erheblich unterscheiden und mit denen sie konfrontiert werden. Davon sind nicht alle Jugendlichen in gleicher Weise betroffen, aber in der Lebensphase der Adoleszenz, in dem u. a. Emotionen, intensivierte hormonelle Veränderungen in das Zentrum ihrer Entwicklung rücken, bieten sich ihnen gesellschaftlich vorliegende Angebote, unter denen sie wählen können. Es zeigt sich heute, dass Identitäten im Sinne des Konzepts von Zygmunt Baumann (2003) fluider werden können, aber das gilt nur für die modernen Gesellschaften und vielleicht für die Entwicklungsgesellschaften, Schwellenländer, in denen großstädtische Milieus im Rahmen von Globalisierungsprozessen auftauchen bzw. gegeben sind (z. B. gibt es auch in Shanghai Transgenderdiskussionen). Das heißt, es ist ein gesellschaftliches Thema, ein Diskurs, in dem einerseits sehr viel möglich ist, anderseits aber Identität immer auch eine im Sinne von Goffman zugeschriebene soziale Identität ist. Die Normen der zugeschriebenen sozialen Identität in der modernen Gesellschaft schränken Orientierungs- und Handlungsmöglichkeiten des Einzelnen eher ein. An dieser Stelle der Kritik am Identitätsbegriff taucht wieder die Dialektik moderner und postmoderner Lebensbedingungen auf, wie sie Straub mit seinem Konzept der „partiellen Autonomie" fassen will.

## *Familie als primäre Sozialisationsinstanz: Auf dem Weg zur Autonomie?*

Im Spektrum der Familienforschung kann man mindestens zwei Stränge unterscheiden, zum einen historisch-empirische Zugänge, zum anderen strukturtheoretische Konzepte. Die Unterscheidung zwischen einer Strukturebene und einer historisch-empirischen Ebene ist dabei nicht als ein Ausschließungsverhältnis, sondern als ein Wechselverhältnis zu verstehen, das sich trotz einer empirisch und historisch variablen Vielfalt an konkreten Formen, gemeinsame Kennzeichen in dieser Primärgruppe benennen lassen, die als Differenzkriterien gegenüber anderen Familienformen und Primärgruppen Alleinstellungsmerkmale darstellen. Es geht also nicht darum, die Empirie gegenüber der Theorie und umgekehrt auszuspielen, sondern die wechselseitigen Zusammenhänge sichtbar zu machen. Darin liegt ein hoher heuristischer Wert, wenn man sich mit unterschiedlichen Familienformen befasst.

Im Zentrum dieser Monographie und meiner bisherigen Forschung stehen theoretische Reflexionen und empirische Analysen zur familialen Sozialisation, insbesondere im Zusammenhang mit der Unterbringung von Kindern und Jugendlichen in Institutionen der öffentlichen Jugendhilfe. Es handelt sich um einen Zugang zu dieser Thematik, bei dem es weniger um eine institutionelle Perspektive[11] geht, sondern der Fokus liegt auf der Situation von Kindern und Jugendlichen und deren Entwicklung im Rahmen primärer Sozialisationskontexte. Konkreter betrachtet auf der Frage, wie das Kind, das aus der Herkunftsfamilie herausgenommen wird, in seiner Entwicklung zu einer selbständigen Lebensführung und persönlichen Autonomiebildung unterstützt werden kann. Der Autonomiebegriff wird im Rahmen dieser Arbeit in dem Sinne verstanden, dass Autonomie bei Menschen als sozialen Wesen ohnehin nur als „relative Autonomie“ (bei Straub als „partielle Autonomie“ bezeichnet, vgl. das Kapitel zuvor) im Kontext sozialer Beziehungen Sinn macht und es sich dabei um eine immer wieder zu erbringende Herstellungsleistung handelt. Diese Herstellungsleistung und auch das, was unter Autonomie in der Soziologie verstanden wird, nämlich weitgehende individuelle Handlungs- und Entscheidungsspielräume, sind einem permanenten Transformationsprozess ausgesetzt. Autonomie und Identität (die in enger Relation zueinander stehen) unterliegen ständigen Verschiebungen in der Zeit. Verschiebungen, die sich einerseits auf die Reflexion chronologisch strukturierter Lebenszeit und die in dieser Zeit vollzogenen Erfahrungen beziehen und die andererseits aber auch determiniert werden von öffentlichen Diskursen über das, was man unter Autonomie und Identität versteht. Das zeigt sich z. B. beim Autonomiebegriff

[11] Damit sind z. B. Fragen im Zusammenhang mit administrativ festgestellten Defiziten zentraler Bezugspersonen, der Sicherstellung des Schutzes und der Förderung der kindlichen Entwicklung auf der Grundlage von Kindeswohlgefährdungen oder Anforderungen fachlicher Begleitung von Jugendhilfeprozessen zu verstehen. Der rechtsunbestimmte Begriff der Kindeswohlgefährdung spielt in den letzten Jahren im Zuge von Veränderungen des Kinder- und Jugendhilfegesetzes (SGB VIII) seit 1990 eine zunehmend wichtige Rolle im Handeln von Jugendhilfebehörden. Dennoch impliziert eine diagnostizierte Kindeswohlgefährdung eine vorhergehende fallbezogene inhaltliche Anamnese und Begründung der konkreten Familiensituation, die zu einer Kindeswohlgefährdung geführt hat, um diesen Sachverhalt überhaupt feststellen zu können (vgl. z. B. KJHG, § 8a; Remiorz 2012, 53 ff.; grundsätzlicher unter historisch-soziologischer Perspektive Nave-Herz 2003, 75 ff.; unter sozialpädagogischer Perspektive Schone 2003, 257 ff.; unter interdisziplinärer Perspektive Kaufmann 2003 und Schone/Tenhaken 2012). Auf den Punkt gebracht, geht es um das administrativ festgestellte Versagen der Erziehung in primären Sozialisationsinstanzen (Vernachlässigung oder Kindesmisshandlung als Kindeswohlgefährdung verstanden). In dieser institutionellen Perspektive steht die Frage im Mittelpunkt, inwiefern der Staat kompensierend und identitätsfördernd einen Auftrag übernimmt, der eigentlich Familien zugeschrieben ist. Dieser Auftrag konzentriert sich auf die Erziehung und Sorge für das Kind.

im heutigen Diskurs über soziale Gerechtigkeit und Teilhabe. Heute dominiert den Diskurs eine menschenrechtliche, bürgerrechtliche Perspektive, die postuliert, dass Abhängigkeit von Menschen vom Sozialsystem ihre Autonomie und Kreativität beschränke, während in der Zeit der – wie es Nachtwey (2016) formuliert – „sozialen Moderne“ (damit ist die Zeit nach dem Zweiten Weltkrieg von 1950 bis 1973 in der BRD gemeint, vgl. Nachtwey 2016, 17) und auch noch einige Jahrzehnte weiter bis ca. zur Jahrhundertwende eine umgekehrte Vorstellung den Diskurs prägte, nämlich die Annahme, dass eine Verankerung im Sozialsystem die Grundlage sei, um überhaupt autonom handeln zu können. Hier zeigt sich z. B. ein Spannungsverhältnis und eine Problematik des Autonomiebegriffs, die darin besteht, dass es sich um einen Begriff handelt, der sich vor allem auf die bürgerliche Mitte bzw. Mittelschicht bezieht. Nachtwey (2016) spricht in Anlehnung an den von Ulrich Beck (1986) Mitte der 1980er Jahre geprägten Begriff der „Risikogesellschaft“ für die Gegenwart von einer „Abstiegsgesellschaft“ bzw. einer „regressiven Moderne“. Damit konzeptualisiert er die Gleichzeitigkeit von der Zunahme individueller Handlungs- und Entscheidungsspielräume, der Pluralisierung von Lebenslagen und Beziehungsformen innerhalb von Milieus und Schichten, ein Autonomiegewinn quasi auf der horizontalen sozialen Ebene, aber gleichzeitig eine Abnahme genau dieser Autonomiespielräume zwischen den Milieus, auf der vertikalen Ebene u. a. auch in Folge der Abhängigkeit selbst von nationalen Gesellschaften von internationalen Entwicklungen. Das hat u. a. zur Folge, dass die Abgrenzungen zwischen Milieus und Schichten zunehmen und z. B. sozialer Aufstieg kaum noch möglich ist. Eher ist der Abstieg, so Nachtwey, von der Mitte der Gesellschaft nach unten in prekäre Lebenslagen und -bedingungen wahrscheinlich. Insofern ist die Autonomie und Identitätsbildung von Menschen immer wieder sich wandelnden gesellschaftlichen Einflüssen, Widersprüchen, Paradoxien und Transformationen ausgesetzt.

Die gleiche Problematik betrifft auch einen anderen zentralen Begriff in der Soziologie, nämlich die „biographische Entwicklung“ von Menschen. Bourdieu (2000) kritisiert das Konzept und denkt sich „Biographie“ als „eine Strecke, ein Wettrennen, Kursus, Passage, Reise, vorgezeichneter Parcours, eine lineare Bewegung, mit einer Richtung (die ‚Mobilität‘), bestehend aus einem Anfang (‚einem Eintritt in das Leben‘), Abschnitten und einem Ende im doppelten Sinn, nämlich im Sinn von Ziel (‚Er wird seinen Weg machen‘ bedeutet: er wird Erfolg haben, eine gute berufliche Karriere machen) und im Sinne von Ende der Geschichte“ (Bourdieu 2000, 51). Vor dem Hintergrund der bereits oben diskutierten postmodernen Entwicklungen in den letzten Jahrzehnten wäre ein solches Identitäts- und Biographieverständnis ideologisch und wenig instruktiv im etymologischen Sinne. Worauf Bourdieu mit seiner Kritik an der „biographischen Illusion“ allerdings zurecht hinweist, ist die Widersprüchlichkeit, die Brüchigkeit von biographischen Entwicklungen und deren Abhängigkeit von gesamtgesellschaftlichen Prozessen bis hin zu globalen Strukturbedingungen und Entwicklungsdynamiken, die die Handlungs- und Gestaltungsfähigkeit individueller Akteure erheblich einschränken oder zuweilen gar verunmöglichen. Er sieht die große Gefahr, dass Individuen die ihnen durch soziale Prozesse zugeschriebene soziale Identität (z. B. Namensgebung, Geschlecht, sozialer Status, Nationalität) bei der Konstruktion ihrer persönlichen Identität aus dem Blick verlieren, indem sie ihre individuellen Lebensgeschichten an die sozialen Erwartungen und kollektiv idealisierten biographischen Vorstellungen anpassen und damit einen „perfekten sozialen Artefakt“ (Bourdieu 2000, 57) konstruieren.

Das von mir vertretene Autonomieverständnis sieht den einzelnen Menschen als

- ein soziales, auf soziale Anerkennung angewiesenes Wesen,
- eingebunden in sich wandelnde soziale Institutionen und sozial-strukturelle Bedingungen von der Mikro- bis zur Makroebene,
- das zwischen unterschiedlichen, ambivalenten, widersprüchlichen, paradoxen sozialen Erwartungen und eigenen Interessen gezwungen ist,
- in einem permanenten Herstellungsprozess eigene Denk- und Handlungsielräume auszuloten.

Vor diesem Hintergrund ergeben sich dann analytische Unterscheidungsmöglichkeiten:

- Autonomie lässt sich psychologisch in der Dimension: emotionale Abhängigkeit vs. Selbststeuerungsfähigkeit beschreiben: Der „vollständig“ Autonome wäre ein Autist, der vollständig Abhängige befände sich in einer seelischen Kollusion mit einem oder beiden Elternteilen oder irgendeiner anderen Autorität.
- Soziologisch, etwa im Sinne Oevermanns, bestimmt sich Autonomie vor dem Hintergrund von tatsächlich angesichts „objektiv“ vorhandener Handlungsspielräume aktiv getroffener Wahlmöglichkeiten.
- Schließlich erweist sich Autonomie im Sinne des Individualisierungsprozesses als eine historisch variable sozio-kulturelle Konstruktion, die unter der (politischen) Formel (Forderung) von Selbstbestimmung erweiterte Handlungs- und Wahlmöglichkeiten aktiv einfordert und zum Maßstab der Anerkennung von Handlungsoptionen machen möchte, gerade angesichts der weiteren Pluralisierung von Werten und Lebensentwürfen unter den Bedingungen der Postmoderne (z. B. Transgender-Debatte[12]).

12 Vgl. z. B. Lenz/Adler (2010); Schirmer (2010); Sigusch (2013); Schmidt/Schondelmayer/Schröder (2014); Lewandowski/Koppetsch (2015).

Im weiteren Fortgang orientiere ich mich vornehmlich an einem Autonomiekonzept, wie z. B. dem von Ulrich Oevermann (vgl. z. B. 2004, 155 ff.). Demnach geht es bei der Autonomiebildung im Rahmen von Sozialisationsprozessen um die Entwicklung weitgehender Entscheidungs- und Handlungsfreiheit. Weitgehende Entscheidungs- und Handlungsfähigkeit deshalb, weil Autonomie bei Menschen als sozialen Wesen sinnvollerweise immer nur relativ im Sinne eines Kontinuums von mehr oder weniger Autonomie gedacht werden kann.

## *Konzeptioneller Ansatz und empirische Grundlage für die Untersuchung der Sozialisation in Pflegefamilien*

Bei der Unterbringung von Kindern und Jugendlichen bei Pflegeeltern handelt es sich um eine widersprüchliche Ausgangslage insofern, als die Pflegeeltern den Auftrag erhalten, familienähnliche Beziehungen berufsmäßig (auf der Grundlage eines Dienstleistungsvertrages) aufzubauen. Ihre zentrale Aufgabe besteht darin, im Vergleich mit den Herkunftseltern, alternative Erziehungsprozesse zu initiieren. Um diese Ausgangslage besser zu verstehen, eignen sich die von den Soziologen Talcott Parsons (1981) und Ulrich Oevermann (2001a; 1997) formulierten Strukturmerkmale von Familien (dazu später mehr im Kapitel über die „identitätstheoretische Perspektive"; vgl. auch Gehres/Hildenbrand 2008, 22 ff.). Mit Hilfe dieser Kriterien versuchen die beiden genannten Autoren zentrale Unterschiede (vor allem in Bezug auf die Art der Sozialbeziehungen) zwischen Mitgliedern einer Familie und anderen sozialen Gruppen deutlich zu machen. Dabei ist zu beachten, dass es sich hierbei mehrheitlich um Kriterien handelt, die soziale, zum Teil auch rechtliche Erwartungen an die Mitglieder dieser Kleingruppe Familie zum Ausdruck bringen. Wenn Herkunftsfamilien gegen diese Merkmale verstoßen, müssen sie sich gegenüber anderen gesellschaftlichen Institutionen und ihrer sozialen Umwelt rechtfertigen. Diese Strukturmerkmale haben daher einen besonderen heuristischen (d. h. erkenntnisleitenden) Wert, weil sich für Pflegefamilien eine andere normative Ausgangslage aufzeigen lässt.

Um die biographischen Entwicklungen der untersuchten ehemaligen Pflegekinder und den Prozess des Aufwachsens in Pflegefamilien zu untersuchen, wurde ein interpretativer Forschungsansatz gewählt, nämlich der Ansatz der „fallrekonstruktiven Familienforschung"[13] (vgl. Hildenbrand 2005). Bei die-

13 Hildenbrand entwickelte diesen Ansatz im Laufe seiner langjährigen Forschungspraxis in psychiatrischen, familientherapeutischen und sozialpädagogischen Handlungsfeldern. Bei diesem Verfahren fließen Erkenntnisse des symbolisch vermittelten Interaktionismus (z. B. Lindner 2007, Keller 2012) der phänomenologischen Soziologie, ins-

sem Forschungsverfahren handelt es sich im Wesentlichen um ein sinnverstehend-hermeneutisches Vorgehen unter Einbeziehung sozialstruktureller Rahmenbedingungen und latenter Sinnstrukturen in den Theoriebildungsprozess (zum Überblick über unterschiedliche Sinnverständnisse, vgl. z. B. Bongaerts 2012, 20 ff.). Diese sozialstrukturellen Bedingungen bilden quasi die objektive Folie für ontogenetische bzw. biographische Entwicklungen und Handlungsmöglichkeiten in einem nicht deterministischen Sinne. Die Erhebung und anschließende Analyse objektiver und objektivierbarer[14] Daten von Familien über mehrere Generationen wurde mit Hilfe der sequenziellen Genogrammanalyse (vgl. Hildenbrand 2005/1999) umgesetzt.

Dieser Forschungsansatz bewegt sich im Rahmen des „interpretativen Paradigmas“ (z. B. Keller 2012) und steht damit im Gegensatz zu Konzepten in der Tradition des normativen Forschungsparadigmas. Beim zuletzt genannten Zugang ist das primäre Anliegen die Hypothesentestung, die mit Hilfe standardisierter statistischer Verfahren vollzogen wird. Das grundsätzliche Ziel besteht darin, „vorhandene Theorien kritisch zu prüfen, indem Hypothesen getestet werden“ (Flick 2009, 48).

Bei der interpretativen Sozialforschung geht es vor allem darum, Hypothesen und Theorien zu entwickeln (vgl. z. B. Lueger 2010)[15]. In beiden Traditionen spielen Interpretationen eine wichtige Rolle. Wissenschaftliche Analysen erfordern erhebliche Anstrengungen und ein hohes Maß an Interpretationskunst (z. B. Bude 2000), die aber wissenschaftliche Qualität aufweist. Interpretationen sind auch in der quantitativen Sozialforschung zentral, wenn etwa bei einer Fragebogenerhebung die Aufgabe ansteht, Fragen zu kreieren und zu formulieren. In der Konzeption von Fragen für eine statistische Erhebung stecken Vorinterpretationen, nämlich Überlegungen hinsichtlich der potentiellen Antworten, die auf diese Fragen überhaupt möglich sind, ohne dass die Entwickler des Fragebogens genau wissen, wie der semantische Raum aussieht.

In der qualitativen Sozialforschung gelten allerdings andere Gütekriterien als die in der quantitativen Sozialforschung geltenden Anforderungen an die Reliabilität und Validität der gewonnenen Erkenntnisse. In der qualitativen Sozialforschung wird die intersubjektive Nachvollziehbarkeit des Erkenntnisbildungsprozesses und die Gültigkeit der Analyseergebnisse mit anderen

---

besondere in der Variante von Berger/Luckmann (2003) und der strukturalen Hermeneutik Ulrich Oevermanns (2001) ein.

14 Dabei handelt es sich um biographische Daten, deren Gültigkeit nicht von subjektiven Sichtweisen oder Interpretationen, z. B. von Interviewpartner/innen abhängen. Gemeint sind in erster Linie Geburts- und Sterbedaten, Geburts- und Wohnorte, Daten zur schulischen und beruflichen Entwicklung, familienbezogene Angaben wie Anzahl der Geschwister, Fremdunterbringungen, chronische Krankheiten, psychiatrische Aufenthalte, Delikte, Gefängnisaufenthalte u. ä. (Näheres vgl. Hildenbrand 2011).

15 Ausführliche Hinweise zum fallrekonstruktiven Forschungsansatz siehe Gehres/Hildenbrand, 2008, 26 ff.

mehrstufigen Verfahren sichergestellt. Zunächst besteht eine Interpretationsgemeinschaft, die sozusagen die Plausibilität am Text in einem ersten Schritt überprüft. Im zweiten Schritt kommen andere Dinge hinzu, wie z. B. interne Konsistenz, einzelne Textstellen, die Feinkodierung. Im dritten Schritt werden dann die ermittelten Interpretationen mit objektiven (d. h. intersubjektiv zweifelsfrei überprüfbaren) Daten abgeglichen. Bei biographischen Studien handelt es sich dabei z. B. um Daten zur chronologischen Lebensgeschichte, den Lebensereignissen, der sozialen Lage, den finanziellen Handlungsspielräumen, den Besonderheiten des Lebensortes, berufliche und beziehungsmäßige Situationen, vorhandene Netzwerke, rechtliche Einschränkungen durch professionelle Begleitungen.

Ähnlich wie in der quantitativen Sozialforschung können dann auf Grund der ermittelten Erkenntnisse gewisse Risikowahrscheinlichkeiten formuliert werden, die aber nicht numerisch benannt werden, sondern sich sinnvollerweise auf Strukturelemente, Prozesse u. ä. und damit auf komplexe Zusammmenhänge beziehen und diese relativ genau beschreiben können.

Allgemeiner formuliert sind die zentralen Gütekriterien der qualitativen Sozialforschung:

1. eine regelgeleitete materialbezogene Analyse,
2. Theoriebildung durch Interpretationen, die ihre Aussagen aus dem Zusammenspiel von sowohl materialbezogenen Erkenntnissen als auch aus externen theoretischen Überlegungen heraus speisen,
3. die Nachvollziehbarkeit und Transparenz des Erkenntnisbildungsprozesses,
4. die Triangulation (d. h. die Erhebung unterschiedlich strukturierter Datenquellen) und
5. die Dokumentation des Forschungsprozesses (zur Vertiefung vgl. z. B. Przyborski/Wohlrab-Sahr 2008, 25 ff.).

Bei der fallrekonstruktiven Sozialforschung als einer Variante qualitativer Forschungsverfahren (zur Vertiefung vgl. z. B. die instruktive Reihe „Qualitative Sozialforschung“ bei Springer VS; zur Übersicht z. B. Przyborski/Wohlrab-Sahr 2008; Strübing 2013) wird davon ausgegangen, dass Individuen und Kollektive in der Auseinandersetzung mit ihren Lebensbedingungen wiederkehrende Handlungs- und Entscheidungsmuster ausbilden. Das Ziel der Fallrekonstruktion besteht darin, diese Muster und Zusammenhänge in Form einer Fallstrukturhypothese herauszuarbeiten, die so lange Geltung beanspruchen kann, bis neu hinzukommende Daten eine erneute Auswertung bzw. Differenzierung der bisherigen zentralen Zusammenhänge erforderlich machen und damit zur Ausarbeitung einer neuen Fallstrukturhypothese führen. Eine Fallstrukturhypothese ist ein Deutungsangebot, d. h., es ist kein Mangel, wenn man eine Fallstrukturhypothese in die eine oder die andere Richtung bildet. Aber es gibt plausiblere, kohärentere Interpretationen, d. h., Fallstrukturhypothesen müssen sich möglichst stimmig in den Gesamtzusammenhang der Analyse einfügen. Es könnte auch ein alternatives Deutungsangebot möglich sein. Das hängt damit zusammen, dass der Analysegegenstand qualitativer Forschung keine harten Sinnkriterien zulässt. Die Bewährung des Deutungsangebotes als eines relativ Plausiblen ergibt sich aus der Nachvollziehbarkeit, Transparenz, Dokumentiertheit, Triangulation, Rückbezug auf den Text, Feininterpretation usw., und der Rekontextualisierung, d. h. der Bezugnahme auf den bisherigen wissenschaftlichen Forschungsstand. Aber eine Fallstruktur sagt auch etwas anderes aus. Es handelt sich um einen Fall, um herausgearbeitete Konstellationen von Zusammenhängen, nicht um einen Idealtypus im Weber'schen Sinne[16], sondern um wahrscheinliche Konstellationen. Von diesen Konstellationen gibt es nur wenige Varianten, und sie müssen sich mit hoher Kohärenz im Analyseraum zeigen lassen.

Die empirische Grundlage der in diesem Buch präsentierten Erkenntnisse, Konzepte und theoretischen Überlegungen bilden zwei in den Jahren zwischen 2001 und 2005 am Institut für Soziologie der Universität Jena entstandene grundlagenorientierte Forschungsprojekte, die von der Deutschen Forschungsgemeinschaft (DFG) finanziert wurden[17] (vgl. z. B. Gehres/Hildenbrand 2008). Der Fokus dieser Arbeiten richtete sich auf die Rekonstruktion biographischer Entwicklungen und den Identitätsbildungsprozess ehemaliger Pflegekinder. Unter einer gelingenden Identitätsbildung wird dabei im Wesentlichen die Fähigkeit des Pflegekindes verstanden, seine Lebensgeschichte – trotz des Aufwachsens in zwei unterschiedlichen Familien unter Aufsicht der Jugendhilfebehörden und damit dem Erleben von kohärenten, aber auch ambivalenten, widersprüchlichen, zuweilen auch paradoxen Erfahrungen – anzunehmen und über Ressourcen zu verfügen, die es ihm erlauben, ein eigenständiges Verständnis seiner Lebenssituationen zu entwickeln und Handlungsfähigkeit zu erlangen.

Im Einzelnen handelt es sich bei den Daten um biographische Rekonstruktionen von sechs durch *theoretical sampling* ermittelte kontrastive Fälle (die Fallmonographien finden sich bei Gehres/Hildenbrand 2008, 39-100.) Zu einem Fall gehören neben dem ehemaligen Pflegekind die letzte Pflegefamilie, ggf. Mitglieder des Herkunftskontextes (z. B. Eltern, Großeltern, Geschwister, Halbgeschwister) und andere zentrale Bezugspersonen der Kindheit sowie Partner und Partnerinnen zum Zeitpunkt des ersten Interviews, so

16 Es handelt sich bei der Fallstruktur nicht um ein Modell, ein Hilfsmittel der Theoriebildung, wie Weber (1995) den Begriff des Idealtypus versteht.

17 Konkret ging es um die Sozialisation, Identiätsbildung, Salutogenese und Resilienz von ehemaligen Pflegekindern. Die Projektleitung lag bei Bruno Hildenbrand vom Institut für Soziologie (vgl. Gehres/Hildenbrand 2008).

dass die empirische Basis zur Rekonstruktion von jeweils einem Fall mindestens ein minimal strukturiertes Einzelinterview, ein familiengeschichtliches Gespräch[18] mit den letzten Pflegeeltern zusammen mit dem Pflegekind und die Analyse von Genogrammdaten[19] umfasst. Das zentrale Ziel von Fallrekonstruktionen besteht darin, Zusammenhänge aus dem zur Verfügung stehenden Material zu erkennen, die als Fallstrukturhypothese formuliert, bedeutsame Aspekte, Ereignisse, Muster des Falles (z. B. sich wiederholende, sich verändernde oder ambivalente Entwicklungen) zum Ausdruck bringen und damit zu einem differenzierteren Verständnis der komplizierten Prozesse des Aufwachsens und der Identitätsbildung in Pflegefamilien beitragen.

Die Zielgruppe bilden junge Erwachsene beiderlei Geschlechts nach Abschluss ihrer Unterbringung in Pflegefamilien im Alter zwischen 20 und 32 Jahren, bei der ersten Befragung im Jahr 2001 und 2002. Die untersuchten Pflegekinder stammen aus unterschiedlichen Regionen in Deutschland (Hamburg, Hessen, Sachsen, Baden-Württemberg) und leben heute mehrheitlich in kleineren Städten zwischen 5.000 und 23.000 Einwohnern in den Bundesländern Hessen, Baden-Württemberg, Bayern und in einer Großstadt. Im Einzelnen wurden sechs kontrastive Fälle untersucht: Pia Altdorf[20] (21[21]) (*1980), Jakob Altdorf (24) (*1977), Dieter Werner (32) (*1969), Gabriele Schubert (25) (*1978), Christoph Wilhelm (24) (*1978) und Lukas Lohe (26) (*1976).

Seit dem ersten Interview konnte die biographische Entwicklung dieser ehemaligen Pflegekinder durch regelmäßiges Nachfragen und weitere Folgeinterviews sowie ausführliche Telefongespräche über einen Zeitraum von sieben Jahren (bis 2008), in einem Fall auch bis zur Gegenwart weiterverfolgt werden.

Als zentrale Ergebnisse der Sozialisation, Erziehung und Identitätsbildung ergeben sich fallübergreifend u. a. vier Sachverhalte: Erstens besteht die zentrale Herausforderung für die Pflegefamilien darin, die geteilte Elternschaft zu gestalten. Zweitens kommt es trotz der paradoxen Ausgangslage zu einem ständigen Ringen um die Normalisierung des Aufwachsens, ohne mehrheitlich das Herkunftsmilieu auszugrenzen. Drittens ist der Modus des Als-Ob[22] die kreative Lösung von Pflegefamilien, ihre zentrale widersprüchliche und nicht einlösbare Aufgabe, Familienbeziehungen auf beruflicher Grundlage und auf Zeit zu prak-

---

18 Zu dieser Erhebungsmethode vgl. Hildenbrand/Peter 2002, 247 ff.

19 Dabei handelt es sich um eine graphische Darstellung von nachprüfbaren Daten (z. B. Lebensorte, Geburts- und Sterbedaten, Fremdunterbringungen, berufliche, private Entwicklungen, Beziehungsformen, Familiengründungen, chronischen Krankheiten u. ä.) von Familienmitgliedern über mehrere Generationen.

20 Alle Daten sind anonymisiert.

21 Bei den Zahlen in den Klammern aller sechs ehemalige Pflegekinder handelt es sich um deren Lebensalter beim ersten Gespräch.

22 Damit ist die Gestaltung des Zusammenlebens in der Pflegefamilie in der Art und Weise gemeint, als ob es sich bei der Pflegefamilie um eine leibliche konstituierte Familie handeln würde.

tizieren, dennoch zu bewerkstelligen. Die Pflegefamilien schaffen, unabhängig von dieser Ausgangslage und ihrer konzeptionellen Orientierung, ein Konzept unbedingter Solidarität und Affektivität bis auf Weiteres. Viertens können Erfahrungen von Pflegeeltern mit sozialer Desintegration den Zugang zum Kind erleichtern, da der Umgang mit Krisen, Fremdheit, Milieuwechsel und biographischer Neuorientierung aus der eigenen Erfahrung bekannt ist.

Im Einzelnen lassen sich weiterhin fallübergreifend als identitätsfördernde Faktoren ausweisen: ein offener Umgang aller beteiligter Akteurinnen und Akteure mit der widersprüchlichen Ausgangslage und damit auch das Akzeptieren von Grenzen des eigenen Einflusses auf die Sozialisation des Pflegekindes, ein flexibler Umgang der Pflegeeltern mit den beiden Pflegeelternkonzepten (Ersatz und Ergänzung), d. h., die Beziehungsgestaltung kann sowohl an der jeweiligen und sich verändernden Lebensphase des Pflegekindes als auch an den Ressourcen der jeweiligen sozialisatorischen Milieus in der Pflege -und Herkunftsfamilie orientiert sein. Weiterhin können außerfamiliäre Milieus und Sozialisationseinflüsse eine wichtige Rolle für Identitätsbildungsprozesse spielen (Fall Pia Altdorf und Jakob Altdorf) und Loyalitäts- und Zugehörigkeitskonflikte des Pflegekindes können minimiert werden, wenn ein von gegenseitigem Respekt geprägtes Verhältnis zwischen Pflege- und Herkunftseltern gepflegt wird.

Daher schlagen Hildenbrand und ich das Konzept der Pflegefamilie als „Familie eigener Art“ vor und verstehen darunter eine soziale Einheit für Alternativerfahrungen des Pflegekindes, in der es ein im Vergleich zu seinem Herkunftsmilieu anderen Zu- und Umgang mit der Gestaltung von Familiengrenzen (z. B. Öffnung gegenüber und Nutzung von Milieus), des triadisch strukturierten Zusammenlebens und der affektiven Rahmung in der Pflegefamilie erfährt. Dieses Modell sieht die „fiktive“ Pflegefamilie als Ort der Nutzung und des Aufbaus von Resilienzpotentialen. „Resilienz“ meint hier die Förderung derjeniger Ressourcen der Pflegekinder, die bewirken, dass Pflegekinder das alternative Sozialisationsangebot annehmen können, ohne die geteilte Elternschaft als faktische lebensgeschichtliche Grundlage ihrer Identität zu verleugnen.

In Folge der Analyse des Aufwachsens von Kindern und Jugendlichen im Rahmen von Pflegeverhältnissen[23] ist es Bruno Hildenbrand und mir gelungen, eine pflegefamiliensoziologische Theorie zu entwickeln, die sowohl familiensoziologische Anschlüsse ermöglicht als auch Paradoxien dieser Familienform offenlegt. Im Folgenden werden pflegefamiliäre Sozialisations- und Erziehungsprozesse unter drei Perspektiven näher betrachtet: a) identitätsorientiert, b) professionsbezogen und c) wissenssoziologisch.

23 Zu den besonderen soziologischen Kennzeichen dieser Familienform gehe ich weiter unten noch genauer ein.

*Die identitätsorientierte Perspektive*

Bei der identitätsorientierten Perspektive geht es um Fragen nach strukturellen Bedingungen, erzieherischen und sozialisatorischen Einflüssen auf den Identitätsbildungsprozess sowie biographische Folgen der Unterbringung von Kindern und Jugendlichen in Pflegefamilien. Pflegekinder müssen sich bei ihrer Identitätsbildung mit mindestens zwei primären Sozialisationskontexten (Herkunfts- und halböffentliches Pflegefamilienmilieu) auseinandersetzen[24] und sind dadurch mit einer gesteigerten „Selbst-Anderer-Verwicklung" (Strauss 1959, 66) konfrontiert. Identität bedeutet primär Selbstverortung im Sinne einer zumindest ansatzweise verstandenen Biographie auf der Grundlage von Eingebundensein in soziale Kontexte. Diese Selbstverständigung ist eine Bedingung, um sowohl viel autonome Reflexions- als auch Handlungsfähigkeit zu erlangen. Unter den heutigen sozialstrukturellen Bedingungen einer fortschreitenden De-Institutionalisierung des Lebenslaufs[25] (z. B. Kohli 1985, 2003) erodieren nicht nur kollektive Orientierungsmuster und existenzielle Sicherheiten, sondern auch Lebensformen. Infolgedessen kommt es zu einer zunehmenden Pluralisierung von Lebensformen (z. B. Beck/Beck-Gernsheim 1994), die handlungstheoretisch betrachtet für die jungen Menschen eine intensivere Auseinandersetzung mit ihren biographischen Plänen, vor allem im beruflichen und privaten Bereich, erforderlich machen. Identität wird damit zunehmend prekär und zwingt junge Menschen immer wieder dazu, sich verändernde, verschiedenartige, widersprüchliche, paradoxe Erfahrungen in die eigene Biographie zu integrieren. Insofern scheint mir das Konzept der Identitätsbalance von Krappmann (1997) mit seinen sozialisatorischen Kernfähigkeiten[26], die er im Anschluss an Forschungsarbeiten in der Tradition des symbolisch vermittelten Interaktionismus (vor allem Mead,

24 Im Unterschied zu Kindern und Jugendlichen, die in einer Herkunftsfamilie aufwachsen, was nach wie vor auf die Mehrheit aller Nachwachsenden bis zu ihren 18. Lebensjahr zutrifft (im Jahre 2010 lag der prozentuale Anteil laut Statistischem Bundesamt bei 72%; bei Kuhnt/Steinbach 2014, 53, die Studienergebnisse zur Bestimmung der Verteilung von Familienformen ausgewertet haben, schwankt der Anteil für Kernfamilien zwischen 71,5 und 81 %).

25 Kohli spricht vom Lebenslaufregime, um die gesamtgesellschaftliche Tragweite (Makro- Meso- und Mikroebene) der in den 1970er Jahren einsetzenden Veränderungen zum Ausdruck zu bringen: „Wenn von einem Lebenslaufregime die Rede ist, wird vorausgesetzt, dass der institutionalisierte Lebenslauf als ein ganzheitliches Muster (statt nur als eine Addition von Einzelinstitutionen) gefasst werden kann. Das wurde lange durchaus kontrovers diskutiert, lässt sich aber heute kaum mehr bestreiten" (Kohli 2003, 530).

26 Dabei handelt es sich um die für die Teilnahme an Interaktionen und kommunikativer Verständigung notwendigen Fähigkeiten des role-taking (Mead), Rollendistanz (Goffman), Identitätsdarstellung und Ambiguitätstoleranz (Goffman, Strauss; vgl. z. B. Krappmann 2010; Krappmann 1997, 66 ff.; Joas 2000, 91 ff.; Joas/Knöbl 2004, 183 ff.).

Goffman und A. Strauss) systematisch dokumentiert hat, für heutige Bedingungen der Lebensführung und -bewältigung nach wie vor ein bedeutsamer Ansatz zu sein, der sich auch für das Verständnis von Lebenssituationen von fremd untergebrachten Kindern eignet. Hinzu kommt noch die Ähnlichkeit des Krappmann'schen Konzepts mit dem postmodernen Verständnis von Straub (2016), das ich oben bereits vorgestellt habe (vgl. das Kapitel zum „sozialwissenschaftlichen Verständnis von Identität").

### *Die professionsbezogene Perspektive*

Beim professionsbezogenen Zugang wird die Rolle von Fachkräften bei Pflegefamilienunterbringungen näher betrachtet. Diese Fachkräfte haben eine steuernde Funktion, die sich sowohl auf operative Aufgaben der Erziehung (z. B. die Rahmung der Zusammenarbeit zwischen den beiden Familiensystemen), als auch auf normative Aspekte (z. B. als Orientierungsinstanz in Bezug auf zentrale kollektive Normen und Werte bei der Gestaltung des Zusammenlebens in der Pflegefamilie den Pflegefamilien beratend zur Seite zu stehen) beziehen. Sie schließen auch Kriseninterventionen und Kontrollen des gesamten Unterbringungsprozesses in Pflegefamilien ein. Obwohl die Sozialisation und Erziehung in der Pflegefamilie von Anfang an unter der Aufsicht der Jugendhilfebehörden, zuweilen zusätzlich auch unter der fachlichen Begleitung von Freien Trägern, stattfinden, obliegt die konkrete Gestaltung des Zusammenlebens in der Pflegefamilie und erzieherischer Einflüsse im Alltag im Wesentlichen den jeweiligen Pflegeeltern. In dieser Paradoxie zeigt sich (noch) ein zentraler Unterschied zur Sozialisation und Erziehung in Herkunftsfamilien[27] gegenüber Pflegefamilien. Die zentralen sozialisatorischen und erzieherischen Impulse werden in der Alltagspraxis, beispielsweise bei Tischgesprächen (z. B. Keppler 1994) in der Pflegefamilie, den Erfahrungen mit Geschwisterkindern (z. B. Freiburg 2010; Leitner/Loch/Sting 2011;

---

27 Die Initiativen von Fachkräften im Sinne einer Verbesserung des Kinderschutzes Eltern für ihre Elternschaft zu qualifizieren oder fallunabhängig zu beraten, wie es z. B. in zahlreichen Elternqualifizierungsprogrammen zum Ausdruck kommt (vgl. zur Übersicht z. B. Tschöpe-Scheffler 2003), lassen die Gefahr entstehen, dass die besonderen sozialisatorischen Leistungen diffuser und damit nicht normierbarer Sozialisationsmilieus wie z. B. Familien (z. B. Andresen/Brumlik/Koch 2011/13; Bütow u. a., Hrsg. 2014; Gehres 2014; Lasch 1981; Winkler 2012) unterlaufen werden. Inwieweit diese Einflüsse Familienleben beeinflussen und den privaten Rahmen primärer Sozialisation auflösen, bleibt abzuwarten. Kritik an diesen Versuchen familiäre Sozialisationspraxis zu beeinflussen findet sich auch in populärwissenschaftlichen Publikationen (z. B. Unverzagt 2010) oder in der Belletristik (z. B. Zeh 2009). Vgl. auch den Forschungsbericht zum Verhältnis von wissenschaftlichem, lebensweltlichen und professionellem Wissen von Gehres 2011 und die Abschlussberichte an die DFG von Hildenbrand 2011 und 2016.

Marmann 2005) oder dem erweiterten sozialen Umfeld (z. B. Reimer 2008; Gehres 2005, 265ff.) und anderen Institutionen im Zusammenhang mit der Unterbringung in Pflegefamilien vermittelt. Erziehung in der Pflegefamilie konfrontiert Pflegekinder mit Pflegeeltern, die in der Regel, im Vergleich mit ihren Herkunftsfamilien, andere Familienmilieus, andere lebensweltliche Regeln, Werte, Normen und Umgangsformen aufweisen. Konkreter formuliert machen sie die Erfahrung, sich in hierarchische Familienstrukturen einzuordnen, das Erlernen basaler Dinge wie z. B. das Einhalten sozialer Konventionen, die Beachtung persönlicher Hygiene, die Mitgestaltung von Alltagsregeln. Weiterhin nehmen sie informelle Bildungsprozesse wahr, wie z. B. das Teilen, das Lernen, der Umgang mit Konflikten (bewältigen und bearbeiten können), Freundschaften schließen und pflegen, Sachverhalte methodisch angehen wie der Erwerb von Wissen und Techniken der Erschließung von Wissen. Diese Erziehungserfahrungen der Pflegekinder haben ihren sozialisatorischen Ort nicht nur im Pflegefamilienmilieu, sondern auch andere gesellschaftliche Institutionen (z. B. Herkunftsfamilie, Kita, Schule, Peers,Vereine) sind daran beteiligt. Bei der Bewältigung dieser Aufgaben handelt es sich überwiegend um Erziehungsprozesse, um das Modelllernen der nachwachsenden Generation. In dieser bewussten Einwirkung werden die jeweiligen historisch sich wandelnden gesellschaftlichen Normen, Werte und Praktiken quasi auf der manifesten Folie des Lernens vermittelt. Sozialisation hingegen bezieht sich sowohl auf das von der erwachsenen Generation Intendierte, Erzieherische, also auch auf von Erwachsenen nicht angestrebte Lern- und Erfahrungsprozesse, einschließlich emotionaler Momente von Interaktionen. Die entscheidenden Prozesse, die zur Identitätsbildung beitragen, finden daher häufig im Verborgenen des kindlichen Bewusstseins statt. Pflegekinder haben auf Grund der Tatsache der geteilten Elternschaft in diesem Bereich einiges zu bewältigen. Sie nehmen Ambivalenzen, Widersprüche und ihre besondere Situation als fremd untergebrachte Kinder wahr; das zeigen unsere Forschungsergebnisse eindrucksvoll. Aus dieser besonderen lebensgeschichtlichen Situation von fremd untergebrachten Kindern resultieren besondere Erziehungs- und Gestaltungsaufgaben für die Pflegeeltern und die fachliche Begleitung von Pflegeverhältnissen. Für die professionelle Seite bestehen diese Aufgaben vor allem in der fachlichen Unterstützung bei der Bewältigung von Krisen in Pflegeverhältnissen, dem Pendeln des untergebrachten Kindes/Jugendlichen zwischen zwei Familiensystemen, der Unterstützung beim Umgang mit Gefühlen und der Modellierung von Beziehungen zu signifikanten Bezugspersonen. Tendenziell kann davon ausgegangen werden, dass je mehr die Pflegekinder diesen Aneignungsprozess durch eine eigene bewusste Reflexion gestalten können und von den Pflegeeltern und auch den begleitenden Fachkräften dabei unterstützt werden, desto eher gelingt ihr Identitätsbildungsprozess. Die zentrale Rolle in diesem Beziehungsdreieck zwischen Pflegefamilie, Herkunftsfamilie und Jugendamt spielen Professionelle als Akteure, die zur Erweiterung der Orientierungs- und Handlungskompetenz von Pflegefamilien im Krisenfall beitragen können.

## *Die wissenssoziologische Perspektive*

Bei der wissenssoziologischen Perspektive steht die Frage im Zentrum, vor welchem Hintergrund die Professionellen im Spannungsverhältnis zwischen „natürlichem Sozialisations- und Erziehungsmilieu" und „öffentlichem" pflegefamilialen Sozialisations- und Erziehungsmilieu agieren und dabei auf zwei Aspekte in der Veränderung moderner Wissensordnungen fokussieren. Zum einen auf veränderte normative Erziehungsvorstellungen und andererseits auf wissenschaftliche Konzepte, die den Erziehungsprozess in einem weiteren Sinne als umfassende Sozialisation verstehen. In diesem Zusammenhang ist auch zu bedenken, dass Fachkräfte der öffentlichen Erziehung durch ihren institutionellen Auftrag (Schutz des Kindes vor Vernachlässigung und Persönlichkeitsförderung) auch die sozialisatorischen Gegebenheiten festlegen, unter denen öffentliche Erziehung stattfindet.

Eine weitere Einschränkung der Untersuchungsperspektive besteht darin, dass ich mich nicht auf institutionalisierte Formen der Sozialisation und Erziehung, etwa Heimkinder oder die Situation von Institutionen und deren Rolle im Rahmen der Jugendhilfe beziehe[28], sondern auf Sozialisationsbedingungen und Erziehungsformen, die zur Autonomiebildung beitragen oder sie behindern. Hier zeigt sich ein wichtiges Spannungsverhältnis, dass eine Grundidee der Pflegefamilie darin besteht, dass die Sozialisation und Erziehung des Kindes in einem annähernd „natürlichen", d. h. dem Konzept von Herkunftsfamilie ähnlichen Rahmen verläuft. Hier entsteht die Notwendigkeit, „eine Art professionell gesteuerte Entprofessionalisierung"[29] von fachlicher Seite aus zu organisieren. Das ist eine unmittelbare Folge der widersprüchlichen Ausgangslage von Pflegeverhältnissen, nämlich diffuse Sozialbeziehungen berufsförmig, also auf spezifischer Beziehungsgrundlage zu betreiben. Mit diesem professionellen Anspruch wird zugleich auch eine bestimmte Paradoxie deutlich, nämlich das Thema, inwieweit Pflegefamilien überhaupt „professionalisiert" werden können und sollen. Zentrale sozialisatorische Leistungen von (Herkunfts-)Familien bestehen gerade darin, dass familiale Milieus in der Moderne nicht berufsförmig strukturiert und auch von staatlicher Seite aus in ihrer Privatssphäre geschützt sind. Es ist seit dem Entstehen der bürgerlichen Gesellschaft ein genereller Topos in der Famili-

28 Auch wenn Heimkinder zuweilen in Pflegefamilien aufgenommen werden.
29 Ich danke Ernst von Kardorff für diese treffende Formulierung.

enhilfe, dass die Selbständigkeit und Erziehungshoheit der Familie, auch im rechtlichen Sinne, durch das Grundgesetz und das bürgerliche Gesetzbuch geschützt sind. Unterbringungen von Kindern und Jugendlichen in Pflegefamilien stellen einen Sonderfall dar. Diese Intervention geschieht auf Grund eines teilweise sehr eng definierten Begriffs von Kindeswohl, der gleichzeitig juristisch fixiert und interpretationsoffen ist. Auf der anderen Seite befindet sich die Pflegefamilie, in die das Kind platziert wird. Am Beispiel dieser Familienform werde ich aufzeigen, mit welchen Paradoxien und mit welchen Aufgaben sowohl die Professionellen, aber vor allem „die professionalisierten Pflegefamilien" konfrontiert werden.

Am Ende zeigt die Analyse als zentrales theoretisches Ergebnis, dass die Sozialisation und Erziehung in Pflegefamilien einer Realfiktion entspricht und nur in diesem Modus die Paradoxien dieser Familienform im Alltag bewältigbar werden. Sowohl die komplexen Prozesse des Aufwachsens in Pflegefamilien werden damit für die daran beteiligten Akteure verstehbar und die Handlungsfähigkeit von Pflegepersonen ermöglicht. Diese Realfiktion besteht darin, dass das Pflegeverhältnis im Modus des Als-Ob verstanden wird, was bedeutet, dass Pflegeeltern ihre Beziehung gegenüber den von ihnen betreuten Pflegekindern in der Art und Weise arrangieren, als ob es sich bei diesen Kindern um leibliche Kinder der Pflegepersonen handeln würde. De facto basiert die Beziehungsgrundlage in Pflegefamilien aber auf einem Dienstleistungsverhältnis, das die Pflegeeltern und Herkunftseltern[30] mit Jugendhilfebehörden schließen. Im Rahmen eines Hilfeplanes verpflichten sich die Pflegepersonen gegen Entgelt, die Sorge, Erziehung und alle zentralen Aufgaben primärer Sozialisationsagenturen entsprechend den historisch jeweils sich verändernden Anforderungen bis auf Weiteres zu übernehmen. Die Beziehungsgrundlage fußt damit auf einem beruflichen Kontrakt zwischen den Jugendhilfebehörden und den Pflegeeltern, der im Prinzip jederzeit von allen beteiligten Akteuren gekündigt werden kann. Bezogen auf den Identitätsbildungsprozess des Pflegekindes wird durch diese widersprüchliche Beziehungsgrundlage (Ermöglichung familienähnlicher Beziehungen auf beruflicher Grundlage) ein weiteres Paradox insofern erzeugt, dass das Kind nicht bloß eine zweite Familie bekommt, sondern dass diese Familie immer auch in der Form des Als-Ob existiert. Das Kind kann sich nie sicher sein, wie lange die Zugehörigkeit zur Pflegefamilie dauern wird.

---

[30] Es sei denn, es liegt ein Sorgerechtsentzug vor, was bei den meisten Pflegeverhältnissen nicht der Fall ist. In der aktuellen kleinen Untersuchung von Remiorz (2012, 62 ff.) von insgesamt 53 Pflegekindern, vorwiegend aus einigen Jugendämtern in der Region um Dortmund und Dortmund selbst, war in zehn Fällen (18,9 %) den leiblichen Eltern das Sorgerecht nach § 1666 BGB entzogen (Remiorz 2012, 77). Nach Blandow (2004, 120 ff.) waren es im Jahr 2001 29,3 % aller Pflegekinder bundesweit, bei denen das Sorgerecht nicht mehr bei den leiblichen Eltern lag.

Aus diesem Paradox und der widersprüchlichen Situation von Pflegeeltern, diffuse Familienbeziehungen und spezifische Berufsbeziehungen auszubalancieren, entstehen für die Kinder besondere emotionale Herausforderungen, nämlich einerseits gewissermaßen fast familiäre Beziehungen mit einer starken emotionalen Besetzung zu den Pflegeeltern aufzubauen und zu praktizieren sowie gleichzeitig zu wissen, dass sie sich in einer besonderen Situation befinden. Diese Besonderheit muss im Erziehungsalltag in der Pflegefamilie normalisiert werden. Das bedeutet, dass in gewisser Weise die Sozialisation in diesem Kontext unter einem erhöhten Reflexionszwang steht. Reflexionszwang in dem Sinne, dass ein neuer „Bewusstheitskontext" im Sinne von Glaser/Strauss (1974) entsteht, der nicht in jedem Augenblick aktualisiert werden muss, aber als latente Aufgabe der notwendigen Aufrechterhaltung einer Differenz fungiert. Paradigmatisch für dieses Paradox ist der Identitätsbildungsprozess des Dieter Werner (vgl. Gehres/Hildenbrand 2008, 39 ff.), der als „Prototyp öffentlicher Erziehung" in unserem Sample steht. Dieter Werner war seit seiner Geburt in zwei unterschiedlichen Heimen und in drei unterschiedlichen Pflegefamilien untergebracht. In seiner letzten Pflegefamilie lebte er auch nach dem offiziellen Ende des Pflegeverhältnisses bis zu seinem 25. Lebensjahr. Seine Herkunftseltern lernt er erst im 33. Lebensjahr kennen[31] und unterhält danach, zusätzlich zu seiner intensiven Verbindung zu seiner letzten Pflegefamilie, regelmäßigen Kontakt zu ihnen. Er kann in Interviews und Telefonaten uns gegenüber über grundlegende Ambivalenzen von Pflegeverhältnissen sprechen. Er weist dabei darauf hin, dass seine Erfahrungen mit Fremdsozialisation sein „ganzes Leben präge"; er sei „hin- und hergeschoben worden". In Bezug auf seine letzten Pflegeeltern hebt er hervor, dass er zwar sage, dass sie seine „richtigen Eltern" seien, aber es sei „vorgegaukelt"; es stimme nicht. Aber auch seine leiblichen Eltern seien nicht seine „richtigen Eltern", weil er dort keine soziale Anerkennung erfahren habe. Er habe deshalb einen „Knacks weg". Immer sei er früher mit dem Problem der unterschiedlichen Nachnamen konfrontiert gewesen und auch heute würde er „lügen", wenn Arbeitskollegen oder andere Personen ihn darauf ansprächen, dass er einen anderen Nachnamen als seine „Geschwister", die Söhne seiner letzten Pflegemutter, habe. Er sei als Pflegekind immer gezwungen gewesen, „viel zu erklären von früher"; er lüge, weil es die „anderen nichts angehe". Bei Freundinnen und Freunden, zu denen er Vertrauen habe, erzähle er seine Geschichte. Er fühle sich als schwächeres Glied in der Gesellschaft. Er würde seine Biographie gerne „rückgängig machen". Er möchte in einer Familie aufwachsen, obwohl er wisse, dass „es auch nicht besser sein muss als in der Pflegefamilie". Denn, so müsste man im Sinne

31 Zuvor hatte er lediglich im 18. Lebensjahr wenige Stunden bei ihnen verbracht.

Foucaults (2012) hinzufügen, der Diskurs[32] der Normalität wird in der primären Sozialisationsphase in den meisten Fällen in unserer Gesellschaft bisher in einer leiblich fundierten Familie hergestellt. Wer in dieser Familie sozialisiert wird, muss keinen Sonderstatus erklären und ist keinen Stigmatisierungen oder zumindest Stigmatisierungsbefürchtungen ausgesetzt. Eine erstaunlich kognitive Leistung des Dieter Werner. Alle eben angedeuteten Äußerungen aus Gesprächen mit ihm sind Varianten des Erlebens dieser paradoxen strukturellen, nichtauflösbaren Differenz; Sozialisation in der Pflegefamilie geht offenbar nur im Modus des „Als-Ob".

Dieses Konzept einer fiktiven Pflegefamilie, die primäre Sozialisations- und Erziehungsprozesse im Modus des Als-Ob ermöglicht, ist von dem philosophischen Ansatz Hans Vaihingers (2007) abgeleitet. Dieser geht davon aus, dass Denkprozesse und wissenschaftliche Erkenntnisse als „Vorstellungsgebilde" nicht die Aufgabe haben, „ein Abbild der Wirklichkeit zu sein – es ist dies ein ganz unmögliche Aufgabe – sondern ein Instrument, um sich leichter in derselben zu orientieren" (Vaihinger 2007, 22). Dementsprechend steht im Zentrum seines Ansatzes die Fiktion als „die Kunstgriffe des Denkens, die Art, wie dieses sich behilft, um sein Ziel indirekt zu erreichen – wir behandeln die Hilfsbegriffe und Hilfsoperationen des Denkens" (Vaihinger 2007, 18). Diese Fiktionen zeichnen sich durch vier Hauptmerkmale aus. Sie stehen 1. im Widerspruch mit der Wirklichkeit, 2. werden sie als „Kunstgriffe" provisorisch gebraucht, 3. sind sich die Akteure der Fiktion bewusst und 4. haben sie den Stellenwert „Mittel zu bestimmten Zwecken" zu sein (Vaihinger 2007, 21 ff.). Auf den Punkt gebracht haben Fiktionen im Sinne Vaihingers die Funktion, lebenspraktische Situationen herzustellen und bewältigbar zu machen, die anders nicht herstellbar sind, außer vorübergehend im Modus des Als-Ob. Michael Winkler (1988) hat diesen Ansatz von Vaihinger bereits Ende der 1980er Jahre als konstitutiv im Sinne einer „Öffnung des Denkens in Bereichen, die einer Überprüfung noch nicht, oder prinzipiell nicht zugänglich sind" (Winkler 1988, 64) für eine Theorie der Sozialpädagogik hervorgehoben. Auch er sieht das große heuristische Potential des Vaihinger'schen Ansatzes im Sinne eines „erschließenden, genauer: erfindenden Charakters" (Winkler 1988, 64). In Abgrenzung zu einem naturwissenschaftlich orientierten wissenschaftstheoretischen Denken plädiert er für eine Öffnung, indem er postuliert: „Möglicherweise liegt hierin sogar eine prinzipielle Eigentümlichkeit für die wissenschaftliche Reflexion solcher Bereiche menschlicher Existenz, die einer empirischen Untersuchung nur bedingt zu-

---

32 Ich verwende den Diskursbegriff im Sinne von Michel Foucault (2012). Er versteht darunter „auf Dauer gestellte Aussagepraktiken, deren Formen und Inhalte Regelmäßigkeiten aufweisen" (Keller 2008, 75, vgl. auch Sarasin 2006, 96 ff.). Jede Gesellschaft produziere Diskurse, die „zugleich kontrolliert, selektiert, organisiert und kanalisiert" (Foucault 2012, 11) werden.

gänglich sind; vielleicht bedürfen die Wissenschaften vom Menschen überhaupt einer Denkform, die eher der literarischen Phantasie als dem an der Naturwissenschaft orientierten Ideal verwandt ist" (Winkler 1988, 65; weiterführend vgl. z. B. Brachmann/Coriand/Koerrenz 2013).

Die Frage nach dem Stellenwert der Erkenntniskraft von theoretischen Fiktionen und „die Kunst des Erfindens", der Heuristik, steht auch im Zentrum der erkenntnistheoretischen Studien von Werner Hartkopf (1987). Dieser Autor hebt besonders das enge, dialektische Verhältnis zwischen der Logik und Heuristik hervor, indem er z. B. in Rekurs auf Schleichermacher die wechselseitige Verknüpfung zwischen dem „heuristisch-methodischen Erarbeiten neuer Erkenntnisse" und dem „eigentlich logisch-systematischen Denken" (Hartkopf 1987, 124) verweist. Hartkopf kommt bezogen auf seine Analyse zum Heuristikverständnis von Schleichermacher zu der zentralen Erkenntnis, dass „Logik und Heuristik ihrem eigentlichen Sinn und ihrer eigentlichen Funktion nach zwei grundlegend verschiedene Seiten des Denkens ausmachen (...), dass heuristisch gewonnene Aussagen grundsätzlich nur hypothetisch sind und somit eine empirische Überprüfung, also eine Fundierung in der Erfahrung oder in ihrer Einordnung in den hinreichend gesicherten, streitfreien Erkenntnisbestand, zwingend notwendig machen" (Hartkopf 1987, 128-129). In dieser dialektischen Verschränkung erfordert somit jede heuristische Erkenntnis die Bezugnahme auf „archetektonisches (logisch-systematisches) Denken" und bereits bekanntes Wissen als (methodisches) Korrektiv, sonst wären heuristische Erkenntnisse nicht von zufälligen Erkenntnissen unterscheidbar.

> Dass das Erfinden zweifellos zu den produktivsten, schöpferischen Leistungen des menschlichen Geistes gehört, ist die heuristische Problematik im weitesten Sinne dem Problemkomplex zuzurechnen, der den Gegenstand dessen ausmacht, was man heute „Kreativitätsforschung" nennt. Die Heuristik setzt zwar Kreativität voraus, ist aber auf eine spezielle Kreativität bezogen: auf das allein im Denkraum spielende, d. h. ausschließlich mit gedanklichen Elementen arbeitende geistige Operieren zum Erreichen eines Denkziels, dessen Zugang zunächst unbekannt ist oder versperrt erscheint. Insofern ein solches Denkziel als ein Problem bezeichnet werden kann, beschäftigt sich die Heuristik als eine denktheoretische Disziplin mit dem an schöpferische, produktive geistige Fähigkeiten gebundenen geistigen Bemühen um die Lösung eines Problems, d. h. um das Erreichen eines wohlbestimmten Denkzieles (Hartkopf 1987, 107-108).

Die dabei, so könnte man hinzufügen, gewonnenen fiktiven Erkenntnisse bilden die Grundlage für das Konzept des Als-Ob. Mit diesem Ansatz liegt, wie ich im Folgenden zeigen werde, eine „heuristische Theorieperspektive" (Schimank 2013, 36) vor, mit der es gelingen kann, komplexe Zusammenhänge bei der Gestaltung von Pflegeverhältnissen, Konfliktlinien, vor allem im Zusammenhang mit den beiden Familiensystemen und darin eng verbundenen Identitätsbildungsprozessen von Pflegekindern zu erkennen oder zumindest mit einer anderen Perspektive zu betrachten. Aber auch für zukünftige Forschungsbemühungen ergeben sich damit Bezugspunkte, vor allem wenn man bisher wenig erforschte Bereiche wie z. B. Geschwisterbeziehungen, gleichgeschlechtliche Pflegefamilien, traumatisierte Pflegekinder, interkulturell sozialisierte Pflegekinder und biographische Dispositionen von potenziellen Pflegeeltern analysieren will.

# Öffentlich verantwortete Sozialisation und Erziehung, Identitätsbildung sowie Lebensverläufe von Pflegekindern – Die identitätstheoretische Perspektive

Erziehungs- und Sozialisationsprozesse von Pflegekindern vollziehen sich im Rahmen von zwei primären Familienformen und -milieus, nämlich dem Herkunfts- und Pflegefamilie(n)milieu bzw. bei mehreren Fremdunterbringungen in unterschiedlichen Institutionen im Laufe der Kindheit und Adoleszenz in einem Herkunftsmilieu, verschiedenen Pflegefamilien, ggf. in Kinderheimen und daraus sich ergebenden Praxen. Im Zentrum dieser Monographie steht die grundsätzliche Perspektive auf die Sozialisation in der Pflegefamilie sowohl in Bezug auf Strukturen, Formen, Beziehungsdynamiken als auch in Bezug auf Ambivalenzen, Paradoxien dieser Variante öffentlich verantworteter Erziehung und Sozialisation. Ausgangspunkt der Analyse ist die heuristische Differenz zwischen Herkunfts- und Pflegefamilien. Wenn man die soziologischen Konzepte der Diffusität und Spezifität zur Beschreibung familialer Sozialbeziehungen von Parsons (1981/1968) und Oevermann (2001a; 1997) zugrunde legt, dann lassen sich damit sehr präzise pflegefamiliäre Sozialbeziehungen abgrenzen. Diese Strukturmerkmale von Familienformen (als theoretische Dimension) verweisen auf grundsätzlich andere Entstehungsbedingungen in Herkunfts- und Pflegefamilien. Die Gründung einer leiblich begründeten Familie ist sozialstrukturell betrachtet in der Privatsphäre des Paares angesiedelt und staatlich geschützt. Sie unterliegt (zumindest in dieser Familienphase) keiner staatlichen Aufsicht oder gar Kontrolle. Bei Pflegefamilien hingegen handelt es sich um eine widersprüchliche Ausgangslage insofern, dass auf der Paarebene zwar ebenfalls diffuse Beziehungen vorliegen, aber diese sich nicht auf das Kind beziehen. Das Kind kommt nicht über eine erotische bzw. zumindest über eine sexuelle Beziehung des Paares in die Familie, sondern über einen für Jugendämter kostenpflichtigen Dienstleistungsvertrag, den Jugendhilfebehörden mit den Pflegeeltern schließen. Damit ist bereits ein Differenzmerkmal benannt, das sich auf die Schnittstelle zwischen Familien und staatlichen Institutionen als primäre Sozialisationsinstanzen bezieht. Wenn der Fokus nur auf die beiden Familiensysteme beschränkt bleibt, zeigen sich strukturelle Differenzen, die in der folgenden Tabelle zusammengefasst sind:[1]

1 Gehres 2012, 23. Die Thematik über die Strukturmerkmale findet sich auch in anderen Schriften: Gehres/Hildenbrand 2008, 22 ff.; Gehres 2005 und 2007.

| *Strukturmerkmale familiärer Beziehungen als heuristisches Konzept und Normalitätsfolie familiärer Binnenverhältnisse* | *Strukturmerkmale pflegefamiliärer Beziehungen als heuristisches Konzept und Normalitätsfolie pflegefamilialer Binnenverhältnisse* |
|---|---|
| Nichtaustauschbarkeit von Personen (Verwandtschaft ist nicht kündbar) | Austauschbarkeit von Personen (befristete, berufsmäßige Begründung des Pflegeverhältnisses) |
| Solidarität des gemeinsamen Lebensweges (Familiengründung und Familienmitgliedschaft sind nicht zeitlich befristet) | Keine Solidarität des gemeinsamen Lebensweges (rechtlich fixierte Befristung des Betreuungsverhältnisses als psychosoziale Dienstleistung) |
| Erotische Solidarität (Paarverbindung bei Anwesenheit eines ausgeschlossenen Dritten – dem leiblichen Kind) | Keine erotische Solidarität in der Triade, d. h., das Pflegekind ist nicht aus einer erotischen Beziehung des Pflegeelternpaares hervorgegangen |
| Affektive Solidarität (belastbare, dauerhafte Bindung ohne Vorbedingungen) | Affektive und unbedingte Solidarität bis auf Weiteres ist möglich, aber von Bedingungen abhängig |
| Unbedingte Solidarität (großer Vertrauensvorschuss) | Gleichzeitigkeit von zwei Familiensystemen mit der Möglichkeit der Kooperation oder Konkurrenz unter öffentlicher Aufsicht durch die Jugendhilfebehörde |

Mit familiären Beziehungen in der Tabelle sind solche Familienformen angesprochen, bei denen mindestens ein Elternteil leiblich mit dem Kind verbunden ist. Diese biologische Elternschaft ist immer in soziale Kontexte eingebunden und kann daher nur in einem Wechselverhältnis mit gesellschaftlichen, kulturellen, politischen, generativen, regionalen, lokalen u. ä. Einflüssen gedacht und konzeptualisiert werden. Dieser Sachverhalt: die Dialektik von biologisch-genetischen und sozialen Komponenten ist in der Moderne in der philosophischen Anthropologie bei Arnold Gehlen[2] (2009/1950) und

2 Diese Positionierung des Menschen bedeutet im Sinne Gehlens mindestens zweierlei. Zum einen ist der Mensch existenziell auf andere Menschen angewiesen, was unmittelbar einleuchtet, wenn man etwa an das neu geborene Kind denkt, das ohne die Versorgung mit Nahrung, Affektivität und Körperpflege durch andere ältere Mitmenschen gar nicht überlebensfähig wäre. Hierin könnte man auch eine anthropologisch begründbare Schwäche des Menschen gegenüber Tieren sehen, die auf Grund biologischer Merkmale, Instinkte, auch ohne andere Artgenossen gleich nach der Geburt überlebensfähig sind. Die Rede Gehlens vom Menschen als „instinktreduziertem We-

Helmut Plessners (2003/1928) als *conditio humana* noch einmal in seiner Doppeldeutigkeit herausgestellt worden: Einerseits ergeben sich daraus Handlungseinschränkungen für den einzelnen Menschen durch seine existenzielle Angewiesenheit auf die anderen Mitmenschen in Folge seiner im Gegensatz zu den meisten Tieren reduzierten biologischen Ausstattung. Andererseits sehen die beiden Autoren gerade in diesem instinktreduzierten Status des Menschen seine Potentiale zum Aufbau selbstbestimmter humaner Institutionen und damit eine Erweiterung ihrer Handlungsmöglichkeiten (vgl. zur Vertiefung z. B. Fischer 2013, 33 ff.; Fischer 2016).

Bei Pflegeverhältnissen ist diese Komponente, die leibliche Verbundenheit, der Pflegeeltern mit dem Pflegekind nicht gegeben.[3] Die Grundlage der Beziehung zwischen den Pflegeeltern und dem Pflegekind bildet stattdessen ein beruflicher Kontrakt – ein Dienstleistungsvertrag mit der hoheitlichen Jugendhilfebehörde. Diese strukturelle Ausgangslage hat Folgen für die pflegefamilialen Beziehungen und auch für die Gestaltung der Beziehungsverhältnisse zwischen den beiden Familiensystemen. Das bedeutet konkret, dass die Herstellung pflegefamilialen Zusammenlebens, die performativen Akte

---

sen" hat bei ihm aber noch eine zweite Seite. In dieser vermeintlichen Schwäche und anthropologischen Differenz gegenüber mehr instinktgesteuerten Lebewesen sieht Gehlen und auch Plessner die besondere Ressource des Menschen. Nämlich diese zu Beginn des Lebens noch dominantere Einbettung in anthropologisch-biologische Zusammenhänge (Abhängigkeit vom Organismus und dessen Reifungsprozessen) wandelt sich im Laufe der Ontogenese immer im Wechselspiel (Simmel 2008) mit der sozialen Umwelt in eine Offenheit, eine gewisse Unabhängigkeit von somatischen Prozessen, freudianisch gesprochen, durch Sublimierung von Es-Komponenten, freilich ohne sich vollständig beherrschen zu können. Hierdurch entstehen Gestaltungsmöglichkeiten, Chancen das eigene Leben in „Zusammenarbeit" (Sennett 2014) mit andern Menschen zu organisieren; im weitesten Sinne Einfluss zu nehmen auf gesellschaftliche Institutionen wie Familie, Kita, Schule, Betriebe, Vereine und politische Entscheidungen.

Joachim Fischer (2013) drückt diesen Sachverhalt folgendermaßen aus: „Die Pointe der Philosophischen Anthropologie ist, dass sie, um einen adäquaten Begriff des Menschen zu gewinnen, sich tief auf den Naturalismus der Evolutionsbiologie einlässt, um sich zugleich von ihr systematisch zu distanzieren. Sie reformuliert gleichsam den Konstruktivismus im Medium des Naturalismus. Konkret heißt das, dass die Philosophische Anthropologie einen Begriff des Menschen im Umweg über einen Begriff des Lebens, des Lebendigen, erreicht. Scharf unterschieden von jedem kulturalistischen Ansatz ist sie dadurch, dass sie sich auf die Welt des ‚Lebendigen' die Vitaldimension, als Fundierung der sozio-kulturellen ‚Lebenswelt' einlässt" (Fischer 2013, 42). Plessner, selbst ausgebildeter Biologe, worauf Fischer hinweist, spricht in diesem Zusammenhang von der exzentrischen Positionalität des Menschen, um damit die Differenz, die „Unterbrochenheit" zur Biologie, zum Körper und seinen Funktionen zum Ausdruck zu bringen, ohne allerdings deren Bedeutung zu unterschätzen oder gar zu leugnen. Um noch einmal Fischer zu zitieren: „Die exzentrische Positionalität muss in der Positionalität, im Leben, im Körper gelebt werden – sie muss verkörpert werden" (Fischer 2013, 43) durch gesellschaftliche Institutionen kompensiert werden.

3 Bei der Variante der sogenannten „Verwandtenpflege" ist zumindest ein Pflegeelternteil mit dem Pflegekind verwandt.

im alltäglichen Zusammenleben auf der Basis dieser Ausgangslage stattfinden. Die Strukturmerkmale verkörpern den Rahmen, das Fundament der Sozialbeziehungen in den Pflegefamilien, auf dessen Grundlage dann die jeweiligen Akteure ihr konkretes Zusammenleben entwickeln und gestalten müssen. Der zentrale Unterschied zwischen Familienbeziehungen und Pflegefamilienbeziehungen besteht auf der strukturellen Ebene darin, dass leiblich verbundene Familienmitglieder nicht ersetzt werden können und damit lebenslang gebunden sind. Aus diesem zentralen Unterschied resultieren dann die unterschiedlichen Solidaritätsformen zwischen den jeweiligen Familienmitgliedern.

Diese Konstitutionsmerkmale lassen noch keine Aussage oder gar normative Bewertung der Qualität der Sozialbeziehungen sowohl in Herkunfts- als auch in Pflegefamilien zu. Die Ebene der empirisch zu beobachtenden Beziehungen in konkreten Familien, die die Basis von sozialwissenschaftlichen Analysen darstellen, gründen auf einer anderen kategorialen Ebene. Die strukturelle Unterscheidung zwischen leiblich konstituierten Familien und Pflegefamilien wird in der Fachdiskussion zuweilen mit Verweisen auf die empirische Vielfalt von Familien in Frage gestellt. Vor allem in der familiensoziologischen Forschung, die sich mit Familienformen (z. B. Peukert 2012), deren historischem Wandel (z. B. Mitterauer 1989; Gestrich 2010; aktuell Krüger/Herma/Schierbaum 2013) und Kulturvergleichen befasst (z. B. Alber 2010; Goody 2002; Lenz 2013, 107 ff.), wird die Perspektive auf die Situation der Erwachsenen über- und tendenziell die Perspektive auf den Sozialisationsprozess des Kindes unterbewertet. Das betrifft auch den „Doing Family-Ansatz" (z. B. Jurczyk 2014, 117 ff.), der seinen Fokus auf die Frage nach den Herstellungsbedigungen und -formen des Beziehungssystems Familie richtet. Die familialen Binnenstrukturen spielen in diesen Zugängen im Gegensatz zu den strukturfunktionalistischen Konzepten kaum eine Rolle. Bei der Strukturperspektive geht es aber darum zu zeigen, mit welcher normativen Folie primäre Sozialisationsprozesse in gegenwärtigen (westeuropäischen) Gesellschaften konfrontiert sind und inwiefern diese harten Strukturen historisch gewachsen und damit auch möglicherweise veränderbar sind. Im Sinne der formalen Soziologie von Georg Simmel (2008a) kann der Sachverhalt als Differenz zwischen (historisch variablem) Inhalt und (historisch invariabler) gesellschaftlicher Form beschrieben werden. „In der einzelnen, historischen Erscheinung ist freilich Inhalt und gesellschaftliche Form tatsächlich verschmolzen, es gibt keine soziale Verfassung oder Entwicklung, die bloß sozial wäre und nicht zugleich Verfassung oder Entwicklung eines Inhalts" (Simmel 2008a, 34). Übertragen auf die Herkunfts- und Pflegefamilie bedeutet dies, dass man Unterschiede in Bezug auf den Konstitutionsprozess, die Zusammensetzung der Mitglieder, Beziehungskonstellation, Solidaritätsverhältnisse und das Verhältnis gegenüber anderen Institutionen erkennen kann. Diese Aspekte entsprechen analytisch betrachtet der Formdimension von Simmel, sind aber in der alltagsweltlichen Totalität stets mit der historisch variablen Vielfalt von familiärer Lebenspraxis vermischt.

Sozialisationstheoretisch bedeutet die fundamentale Differenz zwischen Herkunft- und Pflegefamilie auf der Formebene, dass die zentrale Gestaltungsaufgabe und zugleich Herausforderung für alle beteiligten Sozialisationsinstanzen (Herkunfts- und Pflegefamilie, Jugendhilfebehörde, fachliche Begleitung) darin besteht, diese Zugehörigkeit von Pflegekindern zu zwei unterschiedlich strukturierten Familiensystemen und damit häufig einhergehenden Zugehörigkeits-, Loyalitätskonflikten und damit im Zusammenhang stehenden Beziehungsdynamiken der Kinder zu gestalten.

Diese Strukturdifferenz wird auch noch aus einem empirischen Grund verstärkt. Denn Pflegeeltern als „pädagogisches Personal“ im Auftrag von Jugendhilfebehörden in der Lebenswelt orientieren sich in Bezug auf ihre pädagogischen bzw. erzieherischen Vorstellungen eher an einem traditionellen, bürgerlichen Familienverständnis: Vater, Mutter, Kind, bestimmte Ordnungsvorstellungen im Zusammenleben der Familie, gemeinsame Aktivitäten (vgl. Blandow 2004, 129 ff.)[4]. Diese Orientierung am klassischen Kernfamilienmodell bei der überwiegenden Mehrheit von Pflegeeltern[5] verdeutlicht, dass Pflegeeltern familienzentrierter sind als der Bevölkerungsdurchschnitt heute, denn sonst würden sie nicht zusätzlich (fremde) Kinder aufnehmen. Damit kommt zum Ausdruck, dass bei diesen Familien Berufstätigkeit und berufliche Karrieren nicht diese dominante, hervorgehobene Bedeutung haben wie bei vielen Anderen in der (post)modernen Gesellschaft. Unter dieser Voraussetzung sind sie möglicherweise von der Erosion moderner und postmoderner Lebensbedingungen geprägt. Gleichzeitig haben sie eine Offenheit gegenüber Lebenslagen von Menschen und Kindern, vielleicht in ihren Augen als Schicksal gerahmt, das dazu beiträgt, dass sie in der Regel ihnen zunächst fremde Kinder in ihre Familie aufnehmen und die von Parsons beschriebenen sozialisatorischen Grundfunktionen stellvertretend für die Eltern zumindest zeitweise zu übernehmen. Die Zielrichtungen ihrer pädagogischen Bemühungen sind vornehmlich am Modell und den Vorstellungen der klassischen Kernfamilie ausgerichtet, vielleicht sogar christlich sozial oder an einer latent vorhandenen Idee von Wiedergutmachung sozialer Schuld wie bei zwei von uns untersuch-

---

4 Die Blandow (2004) vorliegenden empirischen Daten beziehen sich auf die Jahre 2003 und 2004, die aber auch heute noch im Kern hinsichtlich der Vorstellungen und Motivationen von Pflegeeltern kaum verändert sein werden. Lediglich die Anzahl fachlich informierter Pflegeeltern dürfte zugenommen haben.

5 Der Anteil von Ein-Eltern-Pflegefamilien und gleichgeschlechtlichen Pflegefamilien in allen Pflegefamilien nimmt zwar relativ zu, aber für die große Mehrheit der Pflegeeltern ist der normative Maßstab das Kernfamilienmodell (vgl. hierzu Kindler u. a. 2012).

ten Pflegevätern orientiert (vgl. die Fallmonographie zu Dieter Werner und Gabriele Schubert, Gehres/Hildenbrand 2008, 39-61).

Aufgrund dieser Orientierungen einer Mehrheit unter den Pflegefamilien am Ideal des bürgerlichen Kernfamilienmodells ist zu erwarten und wird auch bei den meisten unserer Fallmonographien empirisch deutlich, dass sie eine Abgrenzung gegenüber den Herkunftseltern vornehmen. Sie wollen dem Kind Normalität im Sinne des durchschnittlichen, aber auch normativ Gebotenen, eine Bindung und Sicherheit bieten, die leibliche Eltern ihren Kindern bisher aus diversen Gründen vorenthalten haben. Gleichzeitg sind sie wegen des öffentlichen Drucks und der gesetzlichen Lage dazu verpflichtet, die Beziehung zu diesen leiblichen Eltern (unter der Aufsicht von Jugendhilfebehörden und Fachkräften) herzustellen und aufrecht zu erhalten. Hierbei ist die Gefahr groß, dass Pflegeeltern, die mehrheitlich über keine einschlägige fachliche Ausbildung verfügen (es sich also um pädagogische Laien handelt), sich zu besseren Eltern stilisieren.

Wissenssoziologisch folgt aus diesen Strukturbedingungen für die Jugendhilfebehörden und die Fachkräfte, dass sie

- diese strukturellen Differenzen und die daraus abgeleiteten besonderen Solidaritätsbedingungen anerkennen,
- eine Orientierung professionellen Handelns an den Pflegefamilienkonzepten der Ersatz- und Ergänzungsfamilien vermeiden, weil diese Konzepte der Vielfältigkeit des Alltags und rechtlicher Vorgaben von Pflegeverhältnissen[6] nicht gerecht werden,
- offen sind für neue Praktiken, Ideen, Konzepte, die einerseits Sozialisationsdynamiken kognitiv erschließen und andererseits professionelle Interventionen im Sinne eines Beitrags zur Autonomiebildung bei den Kindern und Jugendlichen ermöglichen.

Professionstheoretisch zeigen unsere Studienergebnisse, dass es in der lebensweltlichen Praxis von Pflegefamilien sehr verschiedene Möglichkeiten gibt, mit den Rahmenbedingungen von Pflegeverhältnissen so umzugehen, dass Kinder und Jugendliche Erfahrungen mit unterschiedlichen Milieus, familialen Werten und Normen bewältigen können, ohne dass ein Familiensystem dauerhaft aus dem Sozialisationsdreieck Herkunftsfamilie, Pflegefamilie und Jugendhilfebehörde ausgegrenzt wird. Wenn die Integration gelingt, können Pflegekinder von der Zugehörigkeit zu zwei ganz unterschiedlichen Familienmilieus profitieren und wie in unserem Fall Gabriele Schubert[7] für die eigene Identitätsbildung auf Ressourcen aus beiden Systemen zurückgreifen.

---

6 Vgl. hierzu Gehres/Hildenbrand 2008, 14 f.

7 Gehres/Hildenbrand 2008, 50 ff.

## *Die Bedeutung von Sozialisation in leiblich konstituierten Familien*

In der Literatur zur Sozialisationstheorie, Sozialisationsforschung (vgl. z. B. Hurrelmann/Bauer/Grundmann/Walper 2015; Hurrelmann/Bauer 2015a; Tillmann 2010; Ecarius/Köbel/Wahl 2011a; Ecarius/Eulenbach/Fuchs/Walgenbach 2011; Hörner/Drinck/Jobst 2010; Mühler 2008; Geulen 2007; Bertram/Bertram 2009) wird der Institution der Familie als „Primärgruppe“ (Cooley 1909 in Mühler 2008, 46) für die Ontogenese des Menschen eine zentrale Bedeutung zugesprochen. Diese Bedeutung der Familie bleibt auch in späteren Sozialisationsphasen, vor allem der Sekundären ab dem Kindergarten- und Schulalter, aber auch im Erwachsenenalter im Kern erhalten. Dieser Umstand hängt unmittelbar mit den besonderen Strukturmerkmalen und Besonderheiten dieser Primärgruppe zusammen, wie sie von Parsons (1981/1968) und Oevermann (2001a; 1997) strukturtheoretisch herausgearbeitet und von Winkler (2012) für die Pädagogik phänomenologisch und heuristisch[8] erweitert wurden. In Deutschland und auch im internationalen Vergleich zeigt sich der hohe Stellenwert von Familien ebenso für Jugendliche, die sich in sekundären Sozialisationsphasen befinden. Die Erfahrungen dieser jungen Menschen mit außerfamilialen Institutionen und peer-groups differenzieren die Bedeutung von Familien als primäre Sozialisationsinstanz, ohne sie überflüssig zu machen. So verweisen z. B. Ecarius u. a. (2011) auf empirische Studien in Deutschland (u. a. diverse Shell-Jugendstudien, vgl. 69 ff.) und die internationale Jugendforschung[9] (vgl. Ecarius u. a. 2011, 78 f.): „Generell ist die Familie bedeutsam für die eigene Zukunftsplanung in Bezug auf Partnerschaftsbindungen, den Wunsch der Jugendlichen eine eigene Familie zu gründen und die Planung der eigenen Biographie in der Zukunft. Die Untersuchung mit 1.400 Jugendlichen je Land verdeutlicht, dass Jugendliche trotz unterschiedlicher Erfahrungen je nach Land und Herkunft eine eigene Familie planen, auch wenn darin Interimsphasen oder Übergangsmodelle von einem Leben ohne Trauschein oder kurzfristigen Partnerschaften vor der Ehe eingebaut sind. Ziel ist, dass die unterschiedlichen privaten Lebensformen sich in eine Familiengründung transformieren lassen“ (Ecarius u. a., 2011, 79). Inwie-

---

8 Winklers Vorgehen lässt sich am besten mit diesen beiden Begriffen phänomenologisch und heuristisch kennzeichnen. Phänomenologisch im Sinne einer umfassenden Analyse der vielfältigen Formen, Prozesse, Zusammenhänge, Ambivalenzen und Widersprüche familiärer Praxis in der alltäglichen Lebenswelt und der ontogenetischen Bedeutung dieser Institutionen. Heuristisch insofern diese Analyse neue Aspekte der Thematik hervorbringt, insbesondere im Zusammenhang mit den besonderen sozialisatorischen Leistungen dieser Sozialisationsinstanz.

9 Die Autorinnen und Autoren verweisen auf die Studien von Meil 2006 und Ponce/Soledad 2006, die Jugendliche aus Polen, Litauen, Spanien, Chile, Südkorea und Deutschland vergleichend untersucht haben (vgl. Quellen in Ecarius 2011 u. a., 79).

fern der Strukturwandel[10], initiiert vor allem durch die Veränderungen auf gesamtgesellschaftlicher und institutioneller Ebene[11], Handlungsspielräume sowie soziale Auf- und Abstiegsprozesse erhöhen, bleibt abzuwarten. Bisherige Studien zeigen eher ein ambivalentes Bild (z. B. Kalupner 2003; Bauer 2011; Nachtwey 2016). So finden sich gleichzeitig Milieus, in denen vor allem durch geringe materielle Ressourcen sozialstrukturelle Ausgangslagen verfestigt werden, und Milieus (vor allem in Großstädten und Akademikerkreisen), in denen sich Optionen für biographische Handlungsspielräume und soziale Aufstiegsprozesse im Sinne des Individualisierungstheorems eher bieten (z. B. Burkart/Kohli 1992; Wimbauer 2012). Auf den Punkt gebracht deutet die bisherige Forschungslage auf eine Gleichzeitigkeit von milieuabhängigen sozialstrukturellen Verfestigungen (z. B. Bauer 2011, auch im Sinne der „Defizithypothese“[12]) und gestiegene Chancen und Notwendigkeiten für biographische Gestaltungsspielräume und Aufstiegsprozesse. Aktuell vertritt Nachtwey (2016) die Position, dass es nach einer Phase der „sozialen Moderne“[13] unmittelbar nach dem Zweiten Weltkrieg bis etwa Anfang der 1970er Jahre Möglichkeiten des sozialen Aufstiegs auch für bis dato unterprivilegierte Bevölkerungskreise (z. B. Angehörige von Arbeiterfamilien) gegeben habe, die

10 Stichworte sind hier die bereits angesprochenen kollektiven Entstukturierungsprozesse und die zunehmende Pluralisierung von Lebenslagen und -formen in Bezug auf kollektive Strukturen und Prozesse.

11 Ich beziehe mich hier auf das von Geulen und Hurrelmann 1980 zuerst in die Diskussion eingeführte „Strukturmodell der Sozialisationsbedingungen“, das neben den beiden genannten Ebenen „Gesamtgesellschaft“ und „Institutionen“, noch zwischen der Ebene der „Interaktionen und Tätigkeiten“ und der Ebene des „Subjekts“ differenziert. Dieses theoretische Konzept ist von Bettina Dausien (2002 in Tillmann 2010) im Zusammenhang mit der Bedeutung und sozialen Konstruktion von Geschlecht im Rahmen von Sozialisationsprozessen einer „Fundamentalkritik“ (Tillmann 2010, 370) insofern unterzogen worden, als sie diesem Modell einen hierarchischen Status zuschreibt, der u. a. dadurch auch Geschlechterdifferenzen festige statt im Sinne eines „doing gender“ verflüssige. Sie schlägt in diesem Zusammenhang vor, den Prozess der Geschlechterbildung durch den Begriff der „biographischen Konstruktion“ statt der „Sozialisation“ zu konzeptualisieren und zumindest in Bezug auf Geschlechterverhältnisse vom „Geschlecht als kulturelle Praxis“ (Dausien 2006, 24) zu sprechen und sich an einem de-konstruktivistischen Verständnis zu orientieren. Ich selbst schließe mich der Kritik von Tillmann 2010, 378 ff. an, der zurecht darauf hinweist, dass das Vier-Ebenen-Konzept von Hurrelmann und Geulen nicht die Funktion einer „Schublade“ habe, in die Probleme gepackt würden, sondern wie eine „Landkarte“ zu gebrauchen sei, „auf der man unterschiedliche Fragestellungen verorten kann“ (Tillmann 2010, 378), also ein heuristische Modell als Ausgangsbasis verkörpere, um die vielschichtigen Prozesse der Sozialisation zu erschließen.

12 Damit ist die These gemeint, nach dem die Sozialisationsleistungen der als Unterschicht eingestuften Teile der Bevölkerung unzureichend seien (vgl. z. B. Bernstein 1970 und Rolff 2004 in Bertram/Bertram 2009, 166 ff.)

13 Stichworte des Diskurses über sozialen Aufstieg sind hier vor allem „Aufstieg durch Leistung“, „Aufstieg durch Chancengleicheit“ und „Aufstieg durch Bildung“ (vgl. z. B. Nachtwey 2016, 12).

aber seitdem für immer weniger Menschen möglich seien. Er spricht daher von regressiven Prozessen bzw. einer „regressiven Moderne“, deren kollektives Kennzeichen eher sozialer Abstieg statt Aufstieg für breite Bevölkerungskreise bedeute. Aber auch diese „Abstiegsgesellschaft“ zeichnet sich durch Ambivalenzen aus. Nachtwey verwendet hierzu die Metapher von der Vorder- und Hintertreppe: „Sie (die Abstiegsgesellschaft, Anm. d. V.) ist allmählich, auf leisen Sohlen über die Hintertreppe eingetroffen. Die Vordertreppe hat sie dabei noch gar nicht erreicht“ (Nachtwey, 2016, 12). Dass bei solchen kollektiven Veränderungen auch Institutionen im Mikrobereich wie z. B. die Familie erneut (vgl. z. B. Lasch 1981 zur Situation von Familien seit dem Ende des 19. Jahrhunderts in den USA) erheblichen Einflüssen durch staatliche Organe und wirtschaftliche Interessen ausgesetzt sind, bleibt nicht aus und kann möglicherweise zentrale sozialisatorische Aufgaben dieser Institution gefährden (vgl. z. B. Großkopf/Winkler, 2015).

Familiäre Lebenszusammenhänge bilden die zentrale Sozialisationsinstanz für die Ontogenese von Kindern, wenngleich der Einfluss anderer Institutionen, vor allem des Kindergartens, lebensgeschichtlich betrachtet heute früher einsetzt (Großkopf/Winkler 2015). Im Folgenden beschränke ich mich auf mikrosoziologische Zugänge zu Familien und Pflegefamilien, die zugleich den Schwerpunkt meiner bisherigen Forschungen und Publikationen darstellen. Zunächst zum Begriff der Familie. In der Familiensoziologie findet man eine Vielfalt von unterschiedlichen Familienbegriffen und -verständnissen. Das Spektrum reicht von einem primär an empirischen Beobachtungen orientierten Verständnis (z. B. bei Burkhart 2008 und Nave-Herz 2004) über einen strukturfunktionalistischen Zugang (z. B. bei Funcke/Hildenbrand 2009) bis hin zu dem Vorschlag von Karl Lenz (2013), den Familienbegriff nicht mehr zu verwenden. Im Einzelnen versteht Burkhart (2008) unter einer Familie eine ”Lebensgemeinschaft zwischen Eltern und ihren Kindern (Klein-, Kernfamilie); Minimalform: Mutter mit Kind; im weitesten Sinn die Verwandtschaftsgruppe; im Normalfall sind die Eltern verheiratet“ (Burkhart 2008, 330). Nave-Herz (2004) präferiert eine minimalistisch-allgemeine Bestimmung: Familie bestehe zumindest aus einer Dyade, bestehend aus der Mutter und dem Kind aus der nachwachsenden Generation. Funcke/Hildenbrand (2009) heben in ihrem strukturfunktionalistischen Verständnis die widersprüchliche triadische Struktur (Mutter-Vater-Kind) hervor, die dazu führe, dass es zu wechselnden Ein- und Ausschlussprozessen zwischen den drei Familienmitgliedern aus zwei unterschiedlichen Generationen komme. Karl Lenz (2013) schlägt vor, anstelle des Begriffs der Familie von einer „Soziologie persönlicher Beziehungen“ zu sprechen und die Familie als eine besondere Form persönlicher Beziehungen zu betrachten. Als Begründung hierfür führt Lenz die empirisch zu beobachtende Vielfalt von Familienformen und deren Wandel an. Lenz präzisiert seinen Ansatz und formuliert ähnlich wie in der strukturfunktionalistischen Familiensoziologie in der Tradition von Parsons und Oevermann Strukturmerkmale, die nicht „kulturabhängig" zu verstehen sind, sondern allgemeine Grundlagen, „in Anlehnung an Luhmann Sinnbildungsebenen" (Lenz 2013, 119) von persönlichen Beziehungen repräsentieren. Bei den fünf Merkmalen handelt es sich um: das Moment der personellen Unersetzbarkeit, die „Fortdauer-Idealisierung", das Vorhandensein eines persönlichen, die Interaktion prägenden Wissens, eine „emotional fundierte gegenseitige Bindung der Beziehungspersonen" und eine „ausgeprägte Interdependenz" der persönlichen Beziehungen. Bis auf das Strukturmerkmal der personellen Unersetzbarkeit sind die von ihm genannten Merkmale sehr allgemein-unspezifisch und damit für eine präzise Abgrenzung z. B. der Mitglieder einer Herkunftsfamilie gegenüber „Fortsetzungsfamilien" analytisch wenig aussagekräftig. Wenn man Forschung in Bezug auf Fremdsozialisationsprozesse (insbesondere Dauerpflegeverhältnisse) betreibt, wird man immer wieder konfrontiert mit den Unterschieden zwischen Herkunfts- oder Ursprungsfamilien und alternativen Familienformen. In den Fallrekonstruktionen, biographischen Erzählungen und deren Auswertung sind Differenzen zwischen Herkunfts- und Fremdpflegefamilien ein zentrales Thema. Deshalb erscheint es aufschlussreich, am mittlerweile nicht mehr dominanten strukturfunktionalistischen Theoriemodell von Familie festzuhalten und die dort von Parsons und Oevermann formulierten Strukturmerkmale für leiblich konstituierte Familien als präzisen heuristischen Rahmen gegenüber Pflegefamilien zu verwenden.

Des Weiteren ist eine triadisch strukturierte Interaktion nicht nur für die Ontogenese des Kindes bedeutsam, sondern auch für die Ausbildung der zentralen sozialisatorischen Fähigkeiten, wie sie von Krappmann (2010) im Anschluss an Forschungsarbeiten in der Tradition des symbolisch vermittelten Interaktionismus formuliert wurden.

Als Resümee kann festgehalten werden, dass die Familie in Anlehnung an Nave-Herz (in Huinink/Konietzka, 2007, 25) ein mikrosoziales Milieu bildet, deren Mitglieder notwendigerweise durch eine „biologisch-soziale Doppelnatur" (König), eine Generationendifferenzierung und ein spezifisches Kooperations- und Solidaritätsverhältnis verbunden sind. Darüber hinaus gehört als hinreichende Bedingung auch die Gewährleistung zentraler sozialisatorischer Aufgaben dazu. Damit ist die Sicherstellung expressiv-partikularer und instrumentell-universaler Funktion angesprochen. In triadisch strukturierten Familien hat das zur Folge, dass es zu wechselnden Ein- und Ausschlüssen zwischen den Eltern und dem Kind kommt. Die beiden von Parsons erstmalig formulierten zentralen Grundfunktionen von Eltern, dem Kind expressive und instrumentelle Erfahrungen zu ermöglichen, werden bei einer vollständig besetzten Triade auf zwei Elternteile verteilt. Im Falle einer leiblich konstituierten Familie vollzieht sich dieser Prozess auf der Grundlage der oben beschriebenen Strukturmerkmale. Insbesondere die Nicht-Austauschbarkeit des

Personals und die nicht auflösbare leibliche Herkunft stellen für die Sozialisation und Individuation einen besonderen Status dar, der eine lebenslange Verbundenheit garantiert, gleichgültig wie sich diese empirisch zeigt. So dass Eltern und leibliche Kinder formal und normativ nicht austauschbar sind, ebenso wie die beiden Akteure in einer dyadisch strukturierten persönlichen Beziehungen im Sinne von Lenz. Im Falle eines faktischen Ausscheidens eines Mitglieds einer leiblich konstituierten Familie hat das zur Folge, dass zwar vordergründig (auf der inhaltlich-empirischen Ebene im Sinne Simmels) wie bei persönlichen Beziehungen die Beziehung endet, aber die Zugehörigkeit zu der Primärgruppe Familie bleibt im Gegensatz zu Paarbeziehungen erhalten. Das kann mit dem Verwandtschaftsstatus und der biologischen Komponente leiblicher Herkunft erklärt werden. Ein weiterer Unterschied familiärer Strukturen gegenüber Strukturen persönlicher Beziehungen besteht in der Legitimationspflicht leiblicher Eltern gegenüber Dritten, wie z. B. dem Verwandtschaftssystem, der unmittelbaren sozialen Umwelt und Institutionen, wie z. B. dem Jugendamt gegenüber, oder im Rahmen des Rechtssystems. Wenn Eltern gegen diese normativen (kollektiven) Erwartungen verstoßen, dann müssen sie ihr Handeln in der Regel begründen, was z. B. im Rahmen des Kinderschutzes und der Jugendhilfe immer wieder geschieht.

Zusammenfassend kann bezogen auf den Sozialisationsprozess geschlussfolgert werden, dass sich seit den 1980er Jahren des 20. Jahrhunderts einschneidende Veränderungen auf der Makroebene feststellen lassen und diese Veränderungen ebenso Folgen für die Gestaltung von biographischen Prozessen auf der Mikroebene haben. Es kann tendenziell in allen Milieus eine Steigerung der Optionenvielfalt bei gleichzeitiger Zunahme „riskanter Freiheiten" (Beck-Gernsheim 1994) in Folge des Abbaus kollektiver Sicherungssysteme beobachtet werden.

> Dieser Prozess des Sich-Herauslösens aus einer fest gefügten Ordnung von Familie, Nachbarschaft und Gemeinde, des Entstehens beruflicher Bastelbiographien und der Vielfalt unterschiedlicher Möglichkeiten, das private Leben zu organisieren, und der Emanzipation von den Werten und Vorstellungen der Elterngeneration hat auch etwas damit zu tun, dass die jetzt aufwachsende Generation viel mehr Bildungserfahrungen, Chancen zur Mobilität und Chancen, andere Kulturen kennenzulernen, hat als frühere Generationen (Bertram/Bertram 2009, 75).

Die Kehrseite dieser Entwicklungen ist ein erhöhtes Risiko individuellen Scheiterns, dessen Ursachen in den kollektiven Strukturverschiebungen begründet sind und im Laufe des 20. Jahrhunderts mehrfach in Krisenszenarien, insbesondere in Bezug auf die Familie (vgl. z. B. Bertram/Bertam 2009, 71 ff.; kritisch Lasch 1981) thematisiert worden sind.

Gleichzeitig entwickeln Familien und einzelne Akteure aber auch Widerstandspotentiale – ein zentrales Thema der Resilienzforschung, die ihren Ausgang bei den Längsschnittstudien von Glen Elter (1998) und Emmy Werner/Ruth Smith (2001) nahm (zur Übersicht vgl. Welter-Enderlin/Hildenbrand 2006; Bertram/Bertam 2009, 170 ff.). Bertram/Bertram resümieren:

> Die Analyse des Wandels und der Entwicklung von Familie kann also nicht einfach dabei stehen bleiben, die Emanzipation des Individuums als Krise oder Bedrohung der familiären Lebensformen zu interpretieren. Vielmehr ist es erforderlich, eine Perspektive zu entwickeln, die die Frage von Bindungen und Beziehungen unter den geänderten Bedingungen der Gegenwart so entwickelt, dass die Veränderungen und Verluste, die vielfältig beschrieben wurden, berücksichtigt werden. Dabei ist aber eben auch zu prüfen, wie diese Veränderungen von den Individuen aktiv gestaltet werden, ob sich neue Kontexte entwickelt haben und ob sich nicht möglicherweise unter den neuen Bedingungen bestimmte Ideale und Vorstellungen mit der ursprünglichen Vorstellung als einer Liebesbeziehung des Paares zueinander und einer Liebesbeziehung zu den Kindern möglicherweise besser zu realisieren ist als in einer gesellschaftlichen Phase, in der Staat und Gesellschaft versuchten, das private Leben von Menschen so zu regulieren, dass ihre persönlichen Optionen relativ gering waren und die Bindungen als eng erlebt werden konnten (Bertram/Bertram 2009, 77-78).

Bertram sieht diese Potentiale, auch im Sinne Resilienz fördernder sozialer Kontexte, vor allem in multilokalen Mehrgenerationenfamilien und privaten Netzwerken.

In den letzten Jahren kommt noch eine weitere Fokusverlagerung hinzu, nämlich Familie als performative Kleingruppe zu verstehen. Die Perspektive ist hierbei weniger auf Strukturen und Familienformen gerichtet, sondern auf die „Familie als Praxis" (Jurczyk 2014, 51), auf die „Herstellungsleistungen" im familiären Alltag: „Die Kernaussage lautet: Familie ist eine zunehmend notwendige, sich nicht von selbst ergebende aktive, praktische Leistung der Integration von Individuen zu einem mehr oder weniger gemeinsamen, mehr oder weniger gelingenden Lebenszusammenhang" (Jurczyk 2014, 67).

Es fällt bei diesem kurzen Durchgang durch zentrale familiensoziologische Konzepte und Ansätze auf, dass zuweilen strukturelle und empirische Zusammenhänge analytisch nicht getrennt werden. Wenn man den Familienbegriff im Sinne der formalen Soziologie von Simmel betrachtet, dann zeigt sich, dass die Struktur in leiblich konstituierten Familien in der Form einer Triade konzipiert sein muss. Diese setzt sich zusammen aus drei sich ausschließenden Dyaden aus zwei unterschiedlichen Generationen. In dieser triadischen Struktur als Form unterscheidet sie sich fundamental von persönlichen Beziehungen im Sinne von Lenz, denn diese sind dyadisch strukturiert. Zugespitzt formuliert könnte man sagen, ohne eine triadische Struktur gibt es keine Familie. Das trifft auch auf Ein-Eltern-Familien zu, denn der Dritte ist auch in dieser empirischen Konstellation immer dabei und sei es nur als abwesender Dritter, Samenspender beim Zeugungsakt, bei der Insemination oder wie bereits an früherer Stelle angedeutet als „Generalisierter Anderer" im Sinne von George Herbert Mead. Die Verwirrung bei den familiensoziologischen Ansätzen rührt auch daher, dass der Formbegriff in der Familiensoziologie anders verstanden wird wie in der formalen Soziologie von Georg Simmel. Simmel versteht unter der Form die Struktur, die elementaren notwendigen Elemente von sozialen Gebilden, während sich in der Familiensoziologie der Formbegriff meistens auf die empirische, historisch variable und kulturabhängige Vielfalt von sozialen Gebilden (hier vor allem Familien) bezieht (z. B. Peukert 2012). Dieser empirischen Dimension entspricht in der formalen Soziologie von Georg Simmel die Inhaltsebene und ist bezogen auf die jeweils konkrete Ausgestaltung der strukturellen Komponenten, die in der gesellschaftlichen Wirklichkeit immer untrennbar mit der Formebene verbunden ist, und daher nur analytisch getrennt betrachtet werden kann.

## *Die Bedeutung von Sozialisation in Pflegefamilien*

Aspekte der Sozialisation und Erziehung in Pflegefamilien und Identitätsbildungsprozesse von Pflegekindern bilden den Kern meiner Forschungsaktivitäten der letzten Jahre und viele meiner Publikationen. Folgende Themen, die im Rahmen fallrekonstruktiver Analysen ermittelt wurden, stehen dabei im Fokus:

1. Die Strukturebene: die triadisch strukturierte sozialisatorische Interaktion sowohl in leiblich konstituierten als auch in Pflegefamilien, wobei die konstitutionelle Ausgangslange im Sinne Simmels – wie oben bereits beschrieben – markante strukturelle Unterschiede zwischen diesen beiden Familienformen aufweist. Allerdings sind in beiden Formen von Familie im Sinne Simmels triadische Interaktionsbeziehungen zwischen der Paar- und Generationenachse nachweisbar. Bei Pflegeverhältnissen sind Mitglieder des Herkunftskontexts als System das dritte Element, neben dem Pflegekind und den Pflegepersonen. Das Herkunftsfamiliensystem ist immer, auch wenn es keine Besuchskontakte oder sonstigen persönlichen Begegnungen zwischen dem in der Pflegefamilie untergebrachten Kind und seinem Herkunftsmilieu gibt, Teil der sozialisatorischen Prozesse und sei es nur in Form einer phantasierten Idealvorstellung leiblicher Eltern durch das Kind als Kontrastfamilie zur Pflegefamilie.
2. Die Milieuebene: die familienspezifische „Sinnwelt“, wie z. B. das kollektive Familiengedächtnis und familieninterne Macht und Statusfragen.
3. Die generative Ebene: der familiengeschichtlich gewachsene Generationenzusammenhang und daraus resultierende Besonderheiten, wie etwa intergenerationell tradierte Handlungs- und biographische Bewältigungsmuster.

4. Die biographische Ebene von Familienbeziehungen: Beiträge zur Identitätsbildung nachwachsender Generationen am Beispiel von ehemaligen Pflegekindern.

## *Die sozialisatorische Triade*

Ausgangspunkt meines sozialisationstheoretischen Ansatzes ist der strukturfunktionalisitische Zugang in der Tradition von Talcott Parsons (1981/1968) und Ulrich Oevermann (z. B. 2001a; 1997; 2004). Das hängt vor allem mit zwei Gründen zusammen: einem erkenntnistheoretischen und einem familiensoziologischen Grund. Der erkenntnistheoretische Grund bezieht sich darauf, dass Strukturmerkmale als heuristische Folien verstanden eine präzise Unterscheidbarkeit zwischen leiblich begründeten und über Pflegeverträge begründeten Familien ermöglichen. Diese theoretische Perspektive hat es uns in der fallrekonstruktiven Analyse ermöglicht, Zusammenhänge erklärbar zu machen, die zwar in der Fachdiskussion immer wieder thematisiert und analysiert werden, aber ohne dadurch neue Erkenntnisse zu erhalten. Das betrifft vor allem Konkurrenzverhältnisse zwischen den beiden Familiensystemen, die zentrale Bedeutung der leiblichen Herkunft für Identitätsbildungsprozesse[14], auch bei fremd untergebrachten Kindern und Jugendlichen; die konzeptionelle Ausrichtung von Pflegefamilienkonzepten (Ersatz versus Ergänzung[15]), die in der professionellen Praxis bis heute, vor allem in Deutschland, eine bedeutende Rolle in Bezug auf das Verständnis zentraler sozialisatorischer Aufgaben von Pflegeeltern spielen, und die Regelung von Besuchskontakten in der jugendamtlichen und familiengerichtlichen Praxis.

Der familiensoziologische Grund bezieht sich auf die konkrete Gestaltung von Pflegeverhältnissen und den Identitätsbildungsprozess in der Rekonstruktion. Das Nachzeichnen von biographischen Prozessen, von zentralen Herausforderungen und die Einschätzung von sozialisationsrelevanten Aspekten wird mit einem strukturfunktionalistischen Zugang im Mikrobereich instruktiver und manche Sachverhalte werden erst durch diese Perspektive erklärbar, wie z. B. die Entwicklung einer unbedingten Solidarität bis auf Weiteres durch Pflegeeltern, obwohl die familiäre Beziehungsgrundlage prinzipiell befristet und damit jederzeit durch die Möglichkeit einer sofortigen Beendigung aus vielerlei Gründen gefährdet ist.

Ausgangslage des Strukturfunktionalismus, und darin liegt seine wissenssoziologische Relevanz, ist die Unterscheidung von zwei grundsätzlich verschiedenen Formen von Sozialbeziehungen. Zum einen diffuse bzw. nicht

---

14 Insbesondere während der Lebensphasen der Adoleszenz und im frühen Erwachsenenalter (vgl. z. B. Erikson 2002).

15 Vgl. z. B. Gehres 2005.

rollenförmige Beziehungen, die sich dadurch auszeichnen, dass die daran beteiligten Akteure wechselseitige Erwartungen und Ansprüche haben, deren Ausschluss begründungspflichtig ist (vgl. z. B. Parsons 1981; Oevermann 2001a; 1997). Demgegenüber stehen spezifische – oder wie es Oevermann formuliert: rollenförmige – Sozialbeziehungen[16], bei denen Erwartungen und Ansprüche bezogen sind auf die jeweilige Position, die die jeweiligen Akteure im Rahmen universalistischer Sozialbeziehungen einnehmen. Familiäre Beziehungen sind in diesem Sinne diffus und damit durch uneingeschränkte wechselseitige Ansprüche charakterisiert, bei denen die Familienmitglieder prinzipiell alle Anliegen und Erwartungen an die anderen Familienmitglieder einfordern dürfen, ohne sich, im Gegensatz zu rollenförmigen Beziehungen, dafür rechtfertigen zu müssen. In der modernen Sozialphilosophie spricht Honneth (1998, zitiert bei Wimbauer 2012, 31) von sozialer Anerkennung: „Anerkannt wird hier der Einzelne als Individuum mit Wünschen und Bedürfnissen, die für den anderen von einzigartigem Wert sind. Zentral sind affektive Zuwendung und die konditionale, emotionsgebundene Sorge um das Wohlergehen des anderen um seiner selbst willen."

Grundlage des Kernfamilienmodells bei Parsons ist die konjugale (eheliche) Beziehung zwischen zwei Erwachsenen und dem daraus entstehenden leiblichen Kind. Durch diese Konstellation, nämlich dem gleichzeitigen Vorhandensein einer Paarbeziehung und einer Eltern-Kind-Beziehung (Konjugalität und Filiation), entsteht ein „Spannungszusammenhang" (Winkler 2012), der von Parsons und Oevermann als ein dynamischer Prozess beschrieben wird, bei dem drei sich ausschließende dyadische Konstellationen (Mutter-Vater-Dyade, Mutter-Kind-Dyade, Vater-Kind-Dyade) eine widersprüchliche Grundlage der Sozialbeziehungen bilden. Dadurch entstehen zwangsläufig wechselnde Ein- und Ausschlussprozesse der Akteure untereinander. Winkler (2012) erweitert dieses Verständnis, indem er durch seinen phänomenologischen Zugang auch andere Aspekte, wie z. B. Machtprozesse, kontingente und die Akteure überraschende Facetten familialer Binnenstrukturen betrachtet:

> Familiäre Erziehung ist ein komplexes Geschehen, das sich nicht so einfach beeinflussen und gestalten lässt; zuweilen sind die Nebenwirkungen schlimmer als beabsichtigt. Genauer: Familienerziehung passiert eigentlich nebenbei, in dieser Praxis und als ihre Folge, im Wissenschaftsjargon gesprochen: performativ. Die Beteiligten spielen in einem Spiel mit, das zwar eine basale Ordnung kennt, doch durch das eigene Mitspielen entstehen der pädagogische Raum, das Familienmilieu und somit der pädagogische Wirkungszusammenhang der Familie. (...) Dann: familiäre Erziehung ereignet sich als praktisches Spannungsfeld, in welchem Strukturen mit ihrer orientierenden Funktion, d. h. Machtprozesse und Herrschaft mit Aushandlungsvorgängen zusammen treten und verknüpft werden. Gewissheit und Offenheit, Be-

16 Damit übt Oevermann zugleich Kritik an der Verwendung des Rollenbegriffs von Parsons, der diesen auch auf diffuse Kontexte wie Familienbeziehungen anwendet.

rechenbarkeit und Überraschung, Kontingenz verbinden sich für alle. Eltern meinen ihre Kinder zu kennen und sind doch mit Handlungen konfrontiert, die sie rätseln lassen. Umgekehrt erleben Kinder, wie Eltern völlig unerwartet „ausrasten, sie erleben, dass ihr Vater nicht der heilige Übermensch ist, der sich stets zu kontrollieren weiß, sondern an seine eigenen Belastungsgrenzen kommt. (Winkler 2012, 32-33).

Die Verschränkung von Paarbeziehung und Eltern-Kind-Beziehung macht die familiale Triade für das Kind bzw. den Jugendlichen zu einem widersprüchlichen Ort der Erprobung und Erlangung von Zugehörigkeit, Loyalität, Ambivalenz, Autonomie und Loslösung. Entscheidend ist dabei nach neueren Erkenntnissen der Familiensoziologie (vgl. z. B. Funcke und Hildenbrand 2009; Sieder 2009 und 2012; Bertram/Deuflhard 2015, 125 ff., 178 ff.; Winkler 2012; vgl. auch den älteren Aufsatz von Hess/Handel 1980) weniger, dass Familien leiblich konstituiert sind oder scheinbar nur dyadische Strukturen aufweisen, wie z. B. bei einem Ein-Eltern-Haushalt, sondern dass auch in diesen Konstellationen das Dritte, und sei es nur in Abwesenheit, in der Phantasie oder als „Generalisierter Anderer" einen großen Einfluss auf die Gestaltung der Familienbeziehungen haben kann. Nicht gelungene triadische Interaktionsprozesse zwischen signifikanten Bezugspersonen und ihren Kindern können im Extremfall auch zu pathologischen Verläufen führen, wie z. B. die Fallanamnesen aus der psychoanalytischen Praxis von Lang (2011) belegen:

Und hier ist der entscheidende Punkt, den der Begriff der „strukturalen Triade" einbringt, dass nämlich dyadische Prozesse wie Bindungserfahrungen, bereits innerhalb eines triadischen Kontextes stattzufinden haben und ein soziokultureller Rahmen vorgegeben ist, worin die erwachsenen „dyadischen" Partner eingebunden sein müssen – soll es nicht zu entwicklungsgefährdenden narzisstischen Vereinnahmungen kommen (Lang 2011, 55).

Diese extremen Folgen nicht gelungener sozialisatorischer Interaktionen in der Triade, insbesondere die misslungene Wiederbesetzung der fehlenden Position des Dritten nach dauerhaften Ausfällen eines Elternteils während biographischer Phasen in der Kindheit und Adoleszenz, unterstreichen die entwicklungspsychologische und familiensoziologische Relevanz dieser Struktur. Gegenwärtig ist die Bedeutung des Dritten auch in der allgemeinen Soziologie, Sozialphilosophie (vgl. z. B. Bedorf/Fischer/Lindemann 2010) und in der Kulturwissenschaft sogar im Rang eines „Paradigmas" (Eßlinger u. a. 2010) (wieder) entdeckt worden. Für die Sozialtheorie sieht Fischer (2010) im Dritten die zentrale Kategorie zur Bestimmung von Sozialität:

Jede sozio-kulturelle Welt kennt aber bereits eine Fülle von Figuren in Figurationen, die nicht auf dyadische Beziehungen zwischen ego und alter ego zurückgebracht werden können. Es gibt nicht nur den Anderen als Dialogpartner, sondern den abwesenden Dritten als Gesprächsthema; nicht nur den Anderen als Koakteur, sondern den Dritten als Beobachter, Lauscher, Zeugen; nicht nur den Einen und den Anderen, die voneinander entfernt sind, sondern auch den Dritten als Boten,

> als Übersetzer, der zwischen ihnen Botschaften überträgt; nicht nur den Dritten als Kooperierenden, sondern auch den Dritten als Störer der Reziprozität, als Intriganten, nicht nur den Anderen als Vertrauten, sondern den Dritten als Fremden; nicht nur den Anderen als Gegner, sondern den Dritten als Verbündeten; nicht nur den Anderen als Tauschpartner, sondern den Dritten als Händler; als Agenten; nicht nur den Anderen als Umworbenen, sondern den Dritten als Konkurrenten oder Rivalen; nicht nur den Anderen als Opponenten und Antagonisten, sondern den Dritten als Vermittler oder Schiedsrichter; nicht nur den Einen oder Anderen als Gleiche, sondern den Dritten als Herrscher, der nach der Maxime divide et impera sie voneinander differenziert und gegeneinander hierarchisiert; nicht nur den Anderen als Freund, sondern den Dritten als Sündenbock, als Ausgeschlossenen, als gemeinsamen Feind. (Fischer 2010, 145-146).

Für die Sozialbeziehungen in der Familie und die Sozialisation der Kinder innerhalb der Familie begründet diese triadische Struktur, wie Bertram/Bertram (2009, 33 ff.) in Anlehnung an Arlie Hochschild (1998) hervorheben, ein hohes Maß an „Fürsorgeerbringung ‚warm-traditionell', weil in dieser Lebensform die emotionale Bedürfnisbefriedigung durch die Arbeitsteilung zwischen Mann und Frau und die klare Abgrenzung der ökonomischen von der privaten Sphäre verhältnismäßig gut gesichert war" (Bertram/Bertram 2009, 37). Bertram/Bertram kritisieren die „strukturelle Ungleichheit" zwischen Männern und Frauen im Strukturmodell von Parsons (vgl. z. B. Bertram/Bertram 2009, 33 ff.), indem sie ein ideales Modell für die „industriegesellschaftlichen" Bedingungen Mitte des 20. Jahrhunderts in den USA und Westeuropa sehen. Denn „der Wechsel der Arbeitsstelle bedeutet in einem solchen Modell grundsätzlich nicht die Aufgabe privater und intimer Beziehungen, weil bei den Mobilitätserwartungen dieser private Lebensraum mitgenommen werden kann" (Bertram/Bertram 2009, 37).

Bertram/Bertram (2009) sehen in dem Modell von Parsons ein Auslaufmodell, weil er die beiden zentralen sozialisatorischen Funktionen von Familien geschlechtsspezifisch zugeschrieben habe, nämlich die familieninterne partikular-expressive Funktion (Fürsorge und Zuwendung gegenüber dem nachwachsenden Kind) den Müttern und die universalistisch-instrumentelle Funktion (soziale Anforderungen und Pflichten an der Schnittstelle zu anderen gesellschaftlichen Institutionen) den in der Regel außerhalb des familialen Binnenraumes berufstätigen Vätern. Dieses Modell tauge nicht mehr für die heutige Zeit, die durch einen „Wiederaufstieg des Haushalts der gemeinsam ökonomisch aktiven Paargemeinschaft und des Haushalts der Alleinverdienerfamilie" (Bertram/Bertram 2009, 38) gekennzeichnet sei.

Auch wenn das Strukturmodell von Parsons zeitgeschichtliche Einflüsse aufweist (insbesondere in Bezug auf die geschlechtsspezifischen Komponenten), worauf Bertram/Bertram zu Recht hinweisen, formuliert Parsons damit zentrale familiale Aufgaben, die von jeder Elterngeneration zumindest im westeuropäischen Raum geleistet werden müssen. Insofern lese ich das Strukturmodell von Parsons als einen Hinweis auf die Notwendigkeit, während der primären Sozialisationsphasen expressive und instrumentelle Funktionen erstens sicherzustellen und zweitens, dass es für das Gelingen sozialisatorischer Prozesse darauf ankommt, dass die sich sozialisierenden Kinder mit beiden sozialisatorischen Funktionen konfrontiert werden. Mehr noch, nur die Erfahrung von Zuwendung und Verpflichtung, von Ein- und Ausschluss, von sozialer Anerkennung und sozialer Zurückweisung gleichermaßen garantiert optimale Bedingungen für die Bildung der Identität, einschließlich der von Krappmann beschriebenen sozialisatorischen Kernfähigkeiten[17]. Dennoch bietet es sich an, den familiensoziologischen Ansatz von Parsons insofern weiterzuentwickeln, als die Folgen zunehmender gesamtgesellschaftlicher Veränderungen (z. B. auch der medizinische Fortschritt, das Ansteigen der durchschnittlichen Lebensdauer) für das Zusammenleben in Familien seit den 1970er Jahren des 20. Jahrhunderts in Westeuropa mehr berücksichtigt werden. Das betrifft neben den von Bertram/Bertram aufgeführten Punkten (vgl. Bertram/Bertram 2009, 84 ff.) wie der „Großeltern-Enkel-Beziehungen", der „Fürsorge der älteren Kinder für die alt gewordenen Eltern", auch die sozialisationsrelevante Gestaltung der Geschlechterbeziehungen (z. B. König 2012; Wimbauer 2012) ebenso wie den bisher in der Soziologie wenig erforschten Komplex der sozialisatorischen Relevanz von Geschwister- und Halbgeschwisterbeziehungen (eine Ausnahme bezogen auf Schwestern ist z. B. die neuere Studie von Bollmann 2011)[18] sowie interkulturell zusammengesetzte Familien.

## *Familie als Milieu, Generationenzusammenhang und primärer Sozialisationsort*

Die diffuse Struktur der familialen Beziehungen ermöglicht es der Familie als Milieu (als spezifisches soziales Umfeld) eine gegenüber sekundären Institutionen, wie z. B. Kitas, Schulen oder Kinderheimen, höhere Flexibilität nach innen und außen zu bewerkstelligen, insbesondere wenn es darum geht, biographische und andere Krisen der nachwachsenden Generation zu bewältigen (vgl. z. B. Gehres 2015). Bezogen auf die Gestaltung der Sozialbeziehungen im binnenfamilialen Raum entwickeln die Mitglieder in der Regel ein breites

---

17 Krappmann (2010/1971) verweist in seiner Dissertation auf die vier sozialisatorischen Kernfähigkeiten role-taking, Identitätsdarstellung, Rollendistanz und Ambiguitätstoleranz. In Forschungsarbeiten in der Tradition der „Chicagoer School" der Soziologie zu Beginn des 20. Jahrhunderts in den USA und des anschließenden symbolisch vermittelten Interaktionismus (vgl. z. B. auch Keller 2012, 21 ff.; Abels/König 2010, 149 ff.) zeige sich, dass die Entwicklung und Kultivierung dieser Fähigkeiten im Laufe der Sozialisation wichtig sei, um in Interaktionen handlungsfähig zu werden bzw. zu bleiben.

18 Für eine entwicklungspsychologische und therapeutische Perspektive vgl. z. B. Adam-Lauterbach 2013.

Spektrum an Handlungsmöglichkeiten zwischen den beiden Polen Stabilität und Flexibilität. Sie können zu „Notgemeinschaften" (Winkler 2012) oder „Rückzugsmöglichkeiten" (Winkler 2012) werden sowie den Verlust oder Austausch von erwachsenen Mitgliedern insofern verkraften, dass sie die damit verbundene Strukturierungsaufgabe bewältigen können. Soziale und kulturelle Anforderungen von anderen Institutionen, zuweilen Widrigkeiten, können sie verkraften, d. h., es gelingt ihnen häufig vor dem Hintergrund veränderter sozialer und kultureller Bedingungen im Meso- und Makrobereich, eine Neuorientierung und Neugestaltung der Binnenverhältnisse zu arrangieren. Damit zeigen sich Familien häufig als „lernende Institutionen" (Winkler) mit einer hohen Belastbarkeit. Diese Fähigkeit der Anpassung an Anforderungen der Gesellschaft und damit eine variable Handlungs- und Gestaltungspraxis im Alltag ist leichter realisierbar als in alternativen rollenförmig organisierten Institutionen (vgl. hierzu z. B. Winkler 2012, 105 ff.). Eine Familie kann z. B. auf Regelverstöße, z. B. bei adoleszenzbedingten Handlungsweisen von Jugendlichen als diffus organisiertes Milieu, viel differenzierter reagieren als dies eine Institution der öffentlichen Jugendhilfe könnte, weil hier zu viele Beteiligte, gesetzliche und organisatorische Bedingungen sowie die spezifischen Sozialbeziehungen der Akteure beachtet werden müssen. Dennoch ist die Belastungs- und Anpassungsfähigkeit von Familien nicht beliebig ausdehnbar, befürchten Funcke/Hildenbrand (2009). Winkler (2012) sieht die sozialisatorischen Leistungen von Familien heute durch extensive Versuche der bewussten Gestaltung der „vorpädagogischen, familiären Erziehungsprozesse" (Winkler 2012) durch Expertise beeinträchtigt oder sogar gefährdet, wenn diese Expertinnen und Experten nicht die Bedeutung dieser primären Sozialisationsinstanz für die Entwicklung der Kinder und Jugendlichen anerkennen. Auch die vielfältigen institutionellen Aktivitäten und zuweilen Eingriffe in die Privatsphäre von Familien, insbesondere die prophylaktischen Aktivitäten wie z. B. flächendeckende Hausbesuche im Rahmen des Kinderschutzes, zeugen von einem grundsätzlichen Misstrauen gegenüber der Zuverlässigkeit von Familien, entwicklungsfördernde Bedingungen ihren Kindern gegenüber zu garantieren. Und zwar deshalb, weil hierbei ein pauschaler Verdachtheitskontext gegenüber Familien eingenommen wird und diese Zielgruppe als potentielles Risiko für das Kindeswohl[19] betrachtet wird. Eltern sollen – wie dies häufig bei den zahlreichen Erziehungsprogrammen gefordert wird (vgl. zur Übersicht Tschöpe-Scheffler 2003) – daher auf die Elternschaft vorbereitet werden, z. B. durch den Erwerb eines „Elternführerscheins". Diese Forderung stellt einen Widerspruch in sich dar, weil eine diffuse Struktur gerade durch ihre Offenheit, Nicht-Festgelegtheit gekennzeichnet ist und nur dadurch wie oben be-

---

[19] Dieser rechtsunbestimmte Begriff bedarf einer fallbezogenen Konkretisierung, um für jugendamtliches Handeln relevant zu werden.

schrieben, ihre sozialisatorische Wirkung entfalten kann (vgl. zur Vertiefung die sehr instruktiven und kritischen Beiträge zum „neuen Misstrauen gegenüber Familien" von Großkopf/Winkler 2015).

Im familiären Milieu lernen Kinder auf der Folie einer „vorpädagogischen Erziehung" (Winkler 2012), also im Rahmen des diffusen Mehrgenerationenverhältnisses der Familie, elementare Unterscheidungen, situationsgerechteres Handeln, die Aneignung von Regeln, Normen, Werten und soziale Praktiken ebenso wie eine familienspezifische Praxis kennen. Der familiale Rahmen schafft Sicherheit, ermöglicht Selbständigkeit bei eingeschränkten sozialen, materiellen, kulturellen und strukturellen Voraussetzungen. Die Familie bietet quasi ein gesellschaftliches Zusammenleben und Gestalten im Kleinen, als Mikrokosmos und Experimentierfeld. Auch Bildung wird in der Familie vermittelt und zwar primär Persönlichkeitsbildung sowie das Einüben von grundlegenden sozialen Praktiken, wie z. B. die Entwicklung und das Aneignen der bereits angesprochenen sozialisatorischen Fähigkeiten wie Perspektivenübernahmefähigkeit, Rollendistanz, Ambiguitätstoleranz, Identitätsdarstellung (vgl. z. B. Krappmann 2010). Weiterhin werden Kinder mit Praktiken der Kommunikation, der Sinnstiftung, Verständigung, Konfliktbearbeitung und Arbeitsteilung konfrontiert. Letztlich dient der Erwerb all dieser Fähigkeiten und die Erfahrungen in der Familie dazu, dem zukünftigen Erwachsenen in späteren Lebensphasen Handlungs- und Entscheidungsfreiheit zu ermöglichen, Autonomiebildung (Selbstständigkeit) zu fördern, sich selbst zu bestimmen und Mündigkeit zu erlangen. Über die zentrale Bedeutung triadischer Strukturen während der Sozialisation, insbesondere auf Grundlage von Forschungen in der Soziologie, Entwicklungspsychologie und Sozialphilosophie habe ich bereits einige Punkte benannt. Dabei stellt sich die Frage, was diese Sachverhalte konkret bezogen auf die Lebenssituation von Kindern und Jugendlichen bedeuten, die in Familien, mehrheitlich Kernfamilien, aufwachsen. Worin liegen die besonderen Stärken eines Sozialisationsrahmens, der sich strukturell von anderen Sozialisationsagenturen wie Kita, Schule, Verein, Kinderheim, aber auch peer-group und Ein-Eltern-Konstellationen unterscheidet? Vier zentrale Aspekte scheinen mir hier vor allem im Zentrum zu stehen:

1. Expressive und instrumentelle[20] sozialisatorische Funktionen können auf zwei signifikante erwachsene Bezugspersonen (das Elternpaar) verteilt werden. Bei einem Ein-Eltern-Haushalt [21] muss ein Elternteil, nämlich derje-

[20] Unter einer expressiven Funktion versteht Parsons (1981/1968) die Versorgung des Kindes mit Zuwendung, Fürsorge, Bindung, Vertrauen, Sicherheit u. ä. (affektive Seite von Sozialbeziehungen). Instrumentelle Funktionen konfrontieren das Kind hingegen mit Aufgaben, Regeln, Anforderungen, Pflichten, Sanktionen, Unsicherheit, Misstrauen u. a. (sachliche Seite von Sozialbeziehungen).

[21] Ich greife den überzeugenden Vorschlag von Peukert (2012) auf, der vorschlägt, statt von Ein-Eltern-Familien von Ein-Eltern-Haushalten zu sprechen, um damit zum

nige, der mit dem Kind zusammenlebt, beide Funktionen in Personalunion sicherstellen. Interessant sind in diesem Zusammenhang Beobachtungen bei empirischen Studien, insbesondere bei der Genogrammanalyse, die den Schluss nahelegen, dass triadische Strukturen in der primären Sozialisation einen universellen Status innehaben. Denn häufig kommt es bei Ein-Eltern-Konstellation dazu, dass nach einer gewissen Übergangszeit (Peukert spricht von einer transitorischen Phase, vgl. Peukert 2012, 374 ff.) entweder ein neuer Partner bzw. eine neue Partnerin, ein naher Verwandter, ein Großelternteil, eine Schwester oder ein Bruder, ein Nachbar, die nicht besetzte Elternteilposition einnimmt (vgl. z. B. Hildenbrand 2005; Hildenbrand 2006, 205 ff.; Funcke/Hildenbrand 2009) und sich damit erneut eine triadische Struktur in diesem Folgefamilienmilieu ergibt.

2. Zwei besetzte Elternteilpositionen ermöglichen dem Kind wechselnde Koalitionen und damit Ein- und Ausschlussprozesse. Die „Rotation in der Triade“ (Buchholz, 1993) kann im Laufe der Ontogenese erfahren werden.
3. Die Vermeidung von Parentifizierungsprozessen (vgl. z. B. Lang 2011; Funcke/Hildenbrand 2009) durch das Einhalten der Generationengrenzen, d. h. das Kind bleibt auf der Generationenachse im Modell von Parsons. In Ein-Eltern-Konstellationen besteht die Gefahr, dass das Kind beim Ausscheiden eines Elternteils aus der Familie von der Generationenachse auf die Paarachse wechselt und damit für einen längeren Zeitraum *de facto* die Funktion eines Partnerersatzes oder Partnerinnenersatzes für den verbliebenen Elternteil übernimmt.
4. Im Sinne einer psychoanalytischen Perspektive wird die Bewältigung der ödipalen Krise (d. h. die Zurückweisung durch den gegengeschlechtlichen Elternteil und die Identifikation mit dem gleichgeschlechtlichem Elternteil in der Regel zwischen dem 5. und 6. Lebensjahr) erleichtert, weil beide Elternteile für das Kind im Alltag erfahrbar sind und damit reale signifikante Bezugspersonen als Identifikationsfiguren zur Verfügung stehen. Dieser Sachverhalt kann auch für die sexuelle Sozialisation von Bedeutung sein (vgl. z. B. Berenike-Schmidt/Schetsche 2009). Die möglichen klinischen Folgen solcher Konstellationen und der Generationsverschiebungen in Folge einer nicht besetzten Elternteilposition (Punkt 3) werden z. B. von Lang (2011) in seinen klinischen Ausprägungen ausführlich beschrieben.

In Bezug auf den Generationenzusammenhang haben in der familientherapeutischen Forschung bereits sehr früh Boszormenyi-Nagy/Spark (1981) auf die „Bedeutung von Verpflichtungen und innerer Bindung als Steuerungsfaktoren“ (Boszormenyi-Nagy/Spark, 52) in familiären, diffusen Beziehungen

---

Ausdruck zu bringen, dass auch nach einer Trennung oder Scheidung der nicht beim Kind lebende Elternteil weiterhin als Elternteil für die Sozialisation des Kindes bedeutsam ist.

hingewiesen. Auch die Forschungen von Stierlin (1981) über generationenübergreifende Aufträge in Familien oder die Rolle von Familiengeheimnissen bei Imber-Black (2000) gehen in eine ähnliche Richtung (vgl. z. B. auch Radebold/Bohleber/Zinnecker 2009 über die Bedeutung von Kriegserfahrungen auf nachfolgende Generationen). Kinder teilen mit ihren Eltern eine gemeinsame Geschichte, die zuweilen über mehrere Generationen zurückreicht, haben eine gemeinsame familiale Zukunft (das ist eine Folge der oben beschriebenen Strukturbedingungen leiblich konstituierter Familien, vgl. z. B. Parsons 1981; Oevermann 2001a; 1997). Davon sind auch Kinder und Jugendliche betroffen, die zeitweilig oder auch dauerhaft während ihrer Kindheit und Jugendphase im Rahmen von Kinderschutzmaßnahmen in Pflegefamilien oder Heimen untergebracht waren (vgl. z. B. Gehres/Hildenbrand 2008; Gehres 2013). Diese besonderen Bindungen zu den jeweiligen Herkunftsfamilien, zuweilen Verstrickungen, sind immer wieder auch in Genogrammanalysen sowie in Forschungen über die Kinder- und Jugendhilfe ein zentrales Thema (vgl. z. B. Gehres 2007, 59 ff., vgl. auch das Beispiel aus der eigenen Forschung im Kapitel über „die Problematik exklusiver Loyalität" in diesem Buch).

Die Grundlagen einer umfassenden Persönlichkeitsbildung nehmen ihren Ausgang in der primären Sozialisationsphase in der Institution Familie und werden dann in weiteren Institutionen der Gesellschaft durch erzieherische Einwirkung und sozialisatorische Einflüsse weiter geformt. Viele Aufgaben der Familien können Institutionen der Jugendhilfe auf Grund ihrer berufsförmig organisierten Sozialbeziehungen nicht kompensieren. Die familiale Flexibiliät nach innen und außen, wie sie Winkler (2012) besonders hervorhebt, ist daher nach bisherigem Kenntnisstand als konkurrenzlos einzuschätzen. Ein habitueller Verdachtheitskontext, also eine Grundhaltung gegenüber Eltern, die in ihrem Handeln gegenüber ihren Kindern primär das Problematische, Nicht-Gelingende in den Blick nimmt und eine pauschale Inkompetenzzuschreibung an Herkunftseltern vornimmt, diskreditiert im Sinne Goffmans (1996/1967) auch die zu schützenden Kinder. Diese sind Teil des Familiensystems und haben eine gemeinsame Vergangenheit[22] und auch eine wie auch immer empirisch gestaltete Zukunft mit diesen Bezugspersonen. Das diffuse soziale Milieu ist vor allem in ontogenetischen Krisensituationen sehr flexibel, belastbar (vgl. z. B. zum Stellenwert biographischer Krisen im Lebenslauf im Allgemeinen den vertiefenden Beitrag von Gehres 2015, 143 ff.), aber zugleich auch zunehmend durch andere soziale Institutionen und politische Einflüsse gefährdet (z. B. Funcke/Hildenbrand 2009).

---

22 Das betrifft sowohl Bindungs- und Beziehungserfahrungen, gemeinsam erlebte Ereignisse, Erlebnisse, Erfahrungen und Formen der sozialen Anerkennung im Sinne Honneths 1998 und 2011, 232 ff.

Identitätsbildungsprozesse von Pflegekindern weisen im Gegensatz zu Kindern und Jugendlichen, die im Rahmen ihrer Herkunftsfamilien aufwachsen, eine Besonderheit auf, die für alle Varianten und Lebensverläufe von Pflegekindern konstitutiv ist. Dieser Personenkreis verfügt idealerweise[23] über zwei Elternpaare, nämlich die leiblichen Eltern und die faktischen Pflegeeltern. Die Pflegeeltern haben den offiziellen Auftrag als Dienstleister der Jugendhilfebehörden familienähnliche Beziehungen gegenüber den Pflegekindern aufzubauen und im Alltag zu praktizieren. Das bedeutet, es wird auch normativ nicht erwartet, dass Pflegeeltern mit ihren Pflegekindern über die Beendigung des Pflegeverhältnisses hinaus lebenslang solidarisch verbunden sind. Sie haben allerdings jenseits ihres offiziellen Auftrages die Möglichkeit, persönliche Bezüge zu ihren ehemaligen Pflegekindern aufrecht zu erhalten. Es würde aber ihrem Ansehen in der Jugendhilfebehörde und in der Öffentlichkeit keinen Schaden zufügen, wenn sie nach der offiziellen Beendigung der Pflegebeziehungen keinen weiteren Kontakt oder sonstigen persönlichen Bezug mehr mit ihrem Pflegekind anstreben. Dasselbe trifft auch auf den Umstand zu, dass laufende Pflegebeziehungen vorzeitig beendet werden, wenn es z. B. zu unüberbrückbaren Konflikten und Krisen in der Pflegefamilie kommt. Die Abgabe bzw. Rückgabe eines Pflegekindes an die Jugendhilfebehörde hat eine andere gesellschaftliche Bedeutung als die Abgabe eines leiblichen Kindes aus einer Herkunftsfamilie. Mitglieder aus Herkunftsfamilien sind – strukturell betrachtet – lebenslang miteinander verbunden, weil die Personen (Vater, Mutter, Kind) nicht austauschbar sind.

Die zentrale Herausforderung aller Pflegefamilienverhältnisse besteht vor dem Hintergrund der oben genannten Beziehungsgrundlagen darin, dass alle beteiligten (primären) Sozialisationsinstanzen (Herkunfts- und Pflegefamilie, Jugendhilfebehörde, fachliche Begleitung) herausgefordert sind, diese Konfrontation von Pflegekindern mit zwei Familiensystemen und damit mit häufig einhergehenden Zugehörigkeits- und Loyalitätskonflikten zu gestalten. Eine Reduktion pflegefamilialer Praxis im Sinne der beiden in Deutschland seit den 1980 und 1990er Jahren verbreiteten Pflegefamilienkonzepte der Ersatz- und Ergänzungsfamilien wird der Komplexität von Pflegefamilienverhältnissen insofern nicht gerecht, als es um die Gestaltung mannigfaltiger alltäglicher Aufgaben unter Beachtung rechtlicher Vorgaben geht.[24] Das liegt vor allem daran, dass die Bedeutung von Bindungsbeziehungen und

---

23 Idealerweise deshalb, weil häufig nur die leibliche Mutter dem Kind bekannt ist und Besuchskontakte zu ihr bestehen. Dennoch gibt es aber einen Vater, auch wenn er dem Kind nicht als reale Bezugsperson zur Verfügung steht.

24 Vgl. hierzu Gehres/Hildenbrand 2008, 14 f.

deren Aufbau durch Pflegeeltern im Sinne eines Entwicklungsbeitrages zur Stabilisierung der Persönlichkeitsentwicklung von Pflegekindern (gemäß des Ersatzfamilienkonzepts) wichtig sind.[25] Aber auch „geteilte", multiple Bindungsbeziehungen von Pflegekindern sowohl gegenüber ihren leiblichen Eltern als auch gegenüber ihren Pflegeeltern (im Sinne des Ergänzungskonzeptes) sind von Belang. Die Übernahme von Ersatz- oder Ergänzungsfunktionen durch Pflegeeltern gewährleisten noch keine hinreichenden bzw. optimalen Sozialisationsbedingungen für das Kind. Diese Bedingungen bieten stattdessen von den Lebensphasen der Kinder abhängige, sensible und variable Konstellationen der Gestaltung von Elternschaft unter Einschluss beider Familiensysteme. So ermöglichte in der Sozialisationsgeschichte von Pia Altdorf erst die Erfahrung von zwei unterschiedlich orientierten Pflegeeltern eine gelungene Unterbringung. Pia Aldorf hat während ihrer kindlichen Lebensphase vom 9. bis 15. Lebensjahr in einer Pflegefamilie gelebt, die ihre zentralen sozialisatorischen Aufgaben gemäß des Ersatzfamilienkonzepts verstanden haben. Anschließend wechselte sie bis zu ihrer Volljährigkeit in eine Pflegefamilie, die sich auf Ergänzungsfunktionen und von Pia ausgehende Bindungsangebote beschränkte. Aber genau diese auch gegenüber unterschiedlichen Lebensphasen sensible Konstellation hat u. a. dazu beigetragen, dass Pia Altdorfs Identitätsbildung und ihre Autonomiebildung gelungen ist (vgl. Gehres/Hildenbrand 2008, 61-74).

Das bedeutet für die fachliche Begleitung von Pflegeverhältnissen, dass es für das Verständnis von zentralen sozialisatorischen Aufgaben von Pflegeeltern darauf ankommt, neben der Beachtung allgemeiner Erkenntnisse (aus Forschungsarbeiten) auch noch fallspezifische Erkenntnisse beim fachlichen Handeln zu berücksichtigen. Anders formuliert: Eine hohe Professionalität im Pflegekinderbereich ist dann in der Praxis gewährleistet, wenn es gelingt, wissenschaftliche Erkenntnisse und fallspezifische Erkenntnisse zu verbinden und damit ein weitgehendes Fallverstehen ermöglicht wird. In Abhängigkeit vom Lebensalter und den Interessen des Kindes und den beteiligten Famili-

25 Vgl. zur Übersicht über die Bindungstheorie den neuen instruktiven Beitrag von Schleiffer 2015, 14 ff. Hier wird deutlich, dass gewisse Gewichtungen bzw. Annahmen der Bindungstheorie in der Tradition von John Bowlby kritisch hinterfragt werden müssen. Das betrifft nach meinem Eindruck vor allem zwei Bereiche. Zum einen geht es um das Verhältnis zwischen angenommenen anthropologisch begründeten Verhaltensdispositionen und sozialen Einflüssen im Sozialisationprozess. Zum anderen um den Stellenwert von Bindungserfahrungen in der Kindheit im Vergleich mit späteren Lebensphasen. Dieser Ansatz der Bindungstheorie neigt dazu, Einflüsse der „inneren Realität: Körper und Psyche (Anlage)" im Sinne Hurrelmanns (2015a, 99) gegenüber der „äußeren Realität: soziale und physische Umwelt" (Hurrelmann 2015a, 99) deutlich gewichtiger zu veranschlagen. Das Konzept von Bowlby geht letztlich von einem biologisch verankerten „Bindungsverhaltenssystem" mit dem Fokus auf frühen Bindungserfahrungen aus, deren Bedeutung für die Persönlichkeitsbildung des Menschen sehr hoch veranschlagt wird (zur Vertiefung siehe z. B. Schleiffer 2015, 25 ff.).

ensystemen gilt es, den Unterbringungsprozess idealerweise unter der Moderation von Freien Trägern und des Jugendamtes im Laufe der Kindheits- und Jugendlichenphase des Kindes immer wieder neu auszurichten und dabei – pointiert formuliert – u. a. auch zwischen den Erfordernissen gemäß des Ersatz- und Ergänzungsfamilienkonzepts je nach Fallspezifik und neuen wissenschaftlichen Erkenntnissen zu wechseln. Diese Herausforderung ist mit dem Konzept der Pflegefamilie als Familie eigener Art angesprochen. Die Pflegefamilie wird dabei nicht als eine „bessere" Familie im Vergleich mit der Herkunftsfamilie verstanden, sondern sie wird als eine andere Familie in dem Sinne konzeptualisiert, dass sie dem Pflegekind Sozialisationsbedingungen schaffen kann, die für seine Entwicklung vor allem in persönlicher, beruflicher, sozialer und gesundheitlicher Hinsicht förderlich sind. Was förderlich ist, kann nur jeweils fallspezifisch ermittelt und nicht normativ unspezifisch formuliert werden. Das jeweils Förderliche für ein Kind zu ermitteln, ist die besondere Herausforderung professionellen Handelns unter Berücksichtigung des jeweils aktuellen wissenschaftlichen Wissens, rechtlicher Grundlagen und sich wandelnden lebensweltlichen Erfahrungen und Orientierungen.

In der folgenden Tabelle sind zentrale Unterschiede in schematisierter und damit zwangsläufig zugespitzter Form der beiden in Deutschland seit den 1970er Jahren wichtigen Pflegeelternkonzepten Ersatz und Ergänzung dargestellt. Sie werden verglichen mit dem von uns auf Grund der Ergebnisse der fallrekonstruktiven Studien formulierten Pflegefamilienmodell der Pflegefamilie als „Familie eigener Art".

*Tabelle: Pflegeelternkonzepte: Ersatz, Ergänzung, Familie eigener Art*[26]

| *Themen* | *Konzept Ersatzfamilie* | *Konzept Ergänzungsfamilie* | *Konzept Familie eigener Art* |
|---|---|---|---|
| Zentraler Handlungs-ansatz | Umfassende Integration des Pflegekindes in das Familiensystem der Pflegefamilie (Exklusivität): Weitgehende Anpassung des Kindes an das Pflegefamilien-system (z. B. Nienstedt/Wester-mann 2004, Eckert-Schirmer 1997) | Integration des Pflegekindes in Bezug auf sozialisatorische Teilbereiche (Inklusivität): Teilanpassung des Kindes an das Pflegefamilien-System (z. B. Eckert-Schirmer 1997; Junker u. a. 1978) | Integration des Pflegekindes in zentralen sozialisatorischen Bereichen wie z. B. Umgang mit Familiengrenzen, triadischer Interaktion und affektiver Bindung: Flexibler Umgang mit der Option einer vorübergehenden primär exklusiven Anpassung des Kindes an das Pflegefamilien-system (Gehres 2005) |
| Theoretischer Bezug | Primär Psychoanalyse und Bindungstheorie (Variante Bowlby/ Ainsworth, z. B. Eckert-Schirmer 1997; Nienstedt/Westerman 2004) | Primär Systemtheorie und Bindungstheorie (z. B. Eckert-Schirmer 1997; Junker u. a. 1978) | Primär strukturalistische Sozialisationstheorie (Parsons 1981; Oevermann 1997) und Interaktionstheorie (Krappmann 2010) |
| Bedeutung von affektiven Bindungen | Primär dyadische Bindungsfähigkeit des Pflegekindes bei Nienstedt/Wester-mann 2004; Überforderung durch mehrere zentrale Bindungsobjekte u. a., auch wegen angenommenen erlittenen Traumatisierungen vor der Unterbringung in der Pflegefamlie | Multiple Bindungsfähigkeit des Pflegekindes; keine Überforderung durch mehrere Bindungspersonen (auch Grossmann/ Grossmann 2012 und Scheurer-Englisch u. a. 2010 als Vertreter der deutschen Bindungstheorie vertreten diese Position) | Multiple Bindungsfähigkeit des Pflegekindes; Bindung ist neben Exploration nur ein zentraler Sozialisationsfaktor (Gehres/Hildenbrand 2008) |
| Bedeutung der Herkunfts-familie | Annahme: Viele Pflegekinder sind vor ihrer Unterbringung traumatisiert worden, daher weitgehender | Annahme: Wenige traumatisierte Kinder, daher weitgehender Einschluss von Her-kunftseltern; Probleme | Probleme der Herkunftseltern können evtl. bewältigt werden; biographische Veränderungen sind |

26 Wenn in der folgenden Tabelle keine Literaturhinweise gegeben werden, so beziehen sich die Angaben vor allem auf vier Quellen: Eckert-Schirmer 1997; Junker u. a. 1978; Nienstedt/Westermann 2004; Gehres/Hildenbrand 2008.

| *Themen* | *Konzept Ersatzfamilie* | *Konzept Ergänzungsfamilie* | *Konzept Familie eigener Art* |
|---|---|---|---|
| | Ausschluss von Herkunftseltern wegen Gefahr von Retraumatisierungen (ausgenommen bei geplanter Rückkehr in Herkunftsfamilie); Problem der Herkunftseltern kaum lösbar; tendenziell Verleugnung der geteilten Elternschaft | der Herkunftseltern eher transitorisch; Annahme der geteilten Elternschaft | prinzipiell möglich; daher kann geteilte Elternschaft auch eine Möglichkeit für geteilte Verantwortung sein; lebenslange Verbundenheit mit Herkunftskontext und daher Bedeutung für Identitätsbildungsprozesse. |
| Perspektive des Pflegekindes | Umfassende Nachsozialisation (z. B. Gehres 2005) | Nachsozialisation in Teilbereichen (z. B. Gehres 2005) | Alternative Sozialisation, vor allem, aber nicht nur in Bezug auf Familienleben, Triaden und affektive Bindung (z. B. Gehres 2012) |
| Zentrale Funktionen der Pflegefamilie | Ablösung von der Herkunftsfamilie; wenig Kooperation mit dem Herkunftskontext; umfassende Vermittlung neuer Werte, Normen, sozialisatorischer Praktiken | Unterstützung des Herkunftsfamiliensystems in Teilbereichen. Kooperation, Aufbau und ggf. Veränderung dem Pflegekind bereits bekannter Werte, Normen, sozialisatorischer Praktiken | Weitgehende Alternative zum Herkunftsfamiliensystem, um Differenzerfahrungen zu ermöglichen. Möglichst gleichwertige Koexistenz der beiden Familiensysteme; Erweiterung dem Pflegekind bereits bekannter Werte, Normen und sozialisatorischer Praktiken (z. B. Gehres 2005) |
| Zentrale Verantwortungen für die Sozialisation | Primäre Verantwortung | Geteilte Verantwortung (zusammen mit den Herkunftseltern und Jugendhilfebehörden) | Geteilte Verantwortung zwischen allen für die Sozialisation des Kindes zuständigen primären Institutionen einschließlich der Jugendhilfebehörde, ggf. Freier Träger und anderer für das Kind bzw. Jugendlichen signifikanter Bezugspersonen (z. B. Gehres 2005, Gehres/ Hildenbrand 2008) |

Im Folgenden erläutere ich die bereits in der Einleitung formulierten zentralen Erkenntnisse der Fallrekonstruktionen. Dabei handelt es sich um diejenigen Sachverhalte, die sich in allen untersuchten Fällen wiederfinden. Im Unterschied zu den Fallmonographien (vgl. Gehres/Hildenbrand 2008, 39-100) geht es hier um die typischen Erkenntnisse, d. h. die verallgemeinerbaren Anteile der rekonstruierten Sozialisations- und Identitätsbildungsprozesse von den untersuchten ehemaligen Pflegekindern. In den jeweiligen Fallmonographien hingegen kommen auch noch die fallspezifischen Anteile zum Tragen.

Zur Erinnerung: Es handelt sich bei der Datengrundlage um die biographischen Entwicklungen ehemaliger Pflegekinder, die bei der ersten Befragung in den Jahren 2001 und 2002 zwischen 20 und 32 Jahre alt waren. Sie stammen aus unterschiedlichen Regionen in Deutschland (Hamburg, Hessen, Sachsen, Baden-Württemberg) und lebten 2008 (letzter Stand unserer Daten) mehrheitlich in kleineren Städten zwischen 5.000 und 23.000 Einwohnern in den Bundesländern Hessen, Baden-Württemberg und Bayern sowie in einer Großstadt bis zu ihrem mittleren Erwachsenenalter[27]. Bezogen auf die Sozialisation, Erziehung und Identitätsbildung lassen sich vor allem drei Sachverhalte verallgemeinern:

1. Pflegefamilien entwickeln, trotz der paradoxen Ausgangslage (die Schaffung primärer diffuser Beziehungen auf vertragsmäßiger Grundlage), eine ständige Auseinandersetzung um die Normalisierung des Aufwachsens des Kindes, ohne dauerhafte Versuche, das Herkunftsfamiliensystem auszugrenzen (was auf Grund der Strukturmerkmale faktisch nicht möglich ist; einzige Ausnahme ist die Pflegefamilie Pauly/Hoffmann mit ihrem Pflegekind Dieter Werner).
2. Der Modus des Als-Ob[28] ist die kreative Lösung von Pflegefamilien, ihre zentrale widersprüchliche und nicht einlösbare Aufgabe, Familienbeziehungen auf beruflicher Grundlage und auf Zeit zu praktizieren, dennoch zu bewerkstelligen. Sie entwickeln unabhängig von dieser Ausgangslage und ihrer konzeptionellen Orientierung ein Konzept unbedingter Solidarität und Affektivität bis auf Weiteres.

---

27 Im Einzelnen wurden sechs kontrastive Fälle untersucht: Pia Altdorf (*1980), Jakob Altdorf (*1977), Dieter Werner (*1969), Gabriele Schubert (*1978), Christoph Wilhelm (*1978) und Lukas Lohe (*1976).
Seit dem ersten Interview konnte die biographische Entwicklung der ehemaligen Pflegekinder durch regelmäßiges Nachfragen und weitere Folgeinterviews und ausführliche Telefongespräche über einen Zeitraum von sechs Jahren (bis 2007; im Fall von Pia Altdorf bis zur Gegenwart) verfolgt werden.

28 Damit ist die Gestaltung des Zusammenlebens in der Pflegefamilie in der Art und Weise gemeint, als ob es sich bei der Pflegefamilie um eine leiblich konstituierte Familie handeln würde.

3. Die eigenen biographischen Erfahrungen von Pflegeeltern, vor allem die Konfrontation mit biographischen Krisen und ihrem Doppelcharakter (End- und Ausgangspunkt von Entwicklungen zugleich) und vorübergehender sozialer Desintegration können den Zugang zum Kind erleichtern. Denn in diesen Fällen haben die Pflegeeltern selbst Krisen, Fremdheit, Milieuwechsel und biographische Neuorientierung in der eigenen Lebensgeschichte erfahren und den Umgang damit erlernen müssen (Schönberger 2007 kommt in ihrer Forschung zu Pflegefamilien, die erwachsene, psychisch kranke Menschen aufnehmen zu einem ähnlichen Ergebnis, vgl. insbesondere 269 ff.).

## *Zentrale biographische Herausforderungen*

Die Sozialisation und die Identitätsbildung der von uns untersuchten ehemaligen Pflegekinder ist trotz unterschiedlicher biographischer Erlebnisse in Lebensphasen vor der Unterbringung in Pflegefamilien sehr unterschiedlich verlaufen und kann als gelungen insoweit bezeichnet werden, als die Untersuchungspersonen mehrheitlich in der Lage sind, die widersprüchlichen biographischen Erfahrungen im Zusammenhang mit ihrer Fremdsozialisation zu verstehen und in ihren Identitätsbildungsprozess zu integrieren. Das erste fallübergreifende Ergebnis ist die Erkenntnis, dass die geteilte Elternschaft von allen beteiligten Akteuren bei der Pflegefamilienunterbringung so gestaltet werden muss, dass kein Familiensystem dauerhaft ausgeschlossen wird. Im Einzelnen konnten fünf unterschiedliche Realtypen von Pflegeverhältnissen in dem untersuchten Material nachgewiesen werden:

- Die Verwandtenpflege mit einer Bindung auf Wechselseitigkeit: Bei dieser Variante gibt es mindestens einen Pflegeelternteil, der mit dem Pflegekind verwandtschaftlich verbunden ist. Dadurch bleibt ein hoher Anteil unbedingter Solidarität (wechselseitiges Vertrauen) erhalten (Fall Pia Altdorf in der Pflegefamilie Bolle/Altdorf, vgl. Gehres/Hildenbrand 2008, 61-74).
- Die Milieupflege mit einer temporären Bindung: In diesem Fall erkennen die Pflegeeltern Bezugspersonen aus außerfamilialen Milieus und anderen Institutionen als signifikante Bezugspersonen für ihre Kinder an und auch die Grenzen zwischen den Pflegefamilien und anderen Institutionen sind relativ offen. Bei unseren Studien betrifft das die Pflegefamilie Steinbach, die in einem evangelischen Pfarrhaus mit ihren Pflegekindern lebte. Die Pflegemutter als Pfarrerin der Gemeinde und ihr Mann ließen sowohl erwachsene Gemeindemitglieder als auch Personen aus der Gleichaltrigengruppe ihrer Pflegekinder als „Teil" ihrer Familien zu. In diesem Fall konnte zwar eine verbindliche Bindung zwischen den Pflegeeltern und den beiden Pflegekindern von diesen eingefordert werden,

aber gleichzeitig ermöglichten die Pflegeeltern den Kindern Autonomiespielräume in Eigenverantwortung zu erproben, indem sie die Familiengrenzen öffneten und ein hohes Maß an Toleranz gegenüber außerfamilialen Institutionen, Milieus und deren Einflüsse tolerierten.

- Die klassische Pflegefamilie im Sinne eines radikalen Ersatzfamilienkonzepts mit einer vereinnahmenden und Loyalität gegenüber den Pflegeeltern einfordernden Bindung. Bei dieser Variante wird versucht, die Gestaltung der geteilten Elternschaft in Pflegeverhältnissen durch die auch rechtlich nicht mögliche Tilgung des Herkunftsfamiliensystems zu bewerkstelligen. Innerhalb dieses Typus finden sich in unserem Sample noch zwei Untervarianten. Im Falle der Pflegefamilie von Dieter Werner versuchten die Pflegeeltern konsequent die Herkunftsfamilie von Dieter Werner auszuschließen. Das ist ihnen auch aus mehreren Gründen gelungen. Zum einen auf Grund der unmittelbaren Unterbringung von Dieter Werner nach seiner Geburt in einem Kinderheim und daran anschließend in diversen Einrichtungen der stationären Jugendhilfe. Zum anderen wegen seines bis zu seinem 32. Lebensjahres nicht vorhandenen Kontaktes zu seinen leiblichen Eltern. Erst in den Jahren nach dem familiengeschichtlichen Erstgespräch im Jahre 2002 lernte Dieter Werner seine leiblichen Eltern kennen und ein verzögerter Ablöseprozess aus beiden Familiensystemen setzte bei ihm ein (vgl. Gehres/Hildenbrand 2008, 39-50). Im Falle von Gabriele Schubert versuchten die Pflegeeltern Babeck zunächst ebenfalls die leibliche Mutter von Gabriele aus dem Pflegeverhältnis auszuschließen, indem sie dieser eine Adoption ihrer Tochter vorschlugen, was sie aber ablehnte. Stattdessen versorgte die leibliche Mutter auch nach der Unterbringung in der Pflegefamilie ihre Tochter mit intensiver Zuwendung und blieb so als präsente signifikante Bezugsperson des Herkunftskontextes wichtig, indem sie z. B. täglich abends die Tochter in der Pflegefamilie jahrelang ins Bett brachte und auch mit den Pflegeeltern den Kontakt hielt. Auch die Tochter Gabriele selbst wünschte (Unterbringung im 4. Lebensjahr) sich eine enge Bindung zu ihrer leiblichen Mutter und ihren Pflegeeltern. Vor diesem Hintergrund entwickelte die Pflegefamilie Babeck und die alleinerziehende Mutter von Gabriele eine Form der Kooperation, bei der die Pflegefamilie die Lebenspraxis der Pflegetochter wesentlich strukturierte, aber gleichzeitig auch die Herkunftsmutter integrierte. Diese Zusammenarbeit ermöglichte es Gabriele, vor allem in ihrer adoleszenten Lebensphase, Ressourcen aus beiden Familiensystemen zu nutzen, um ihre Autonomiespielräume zu erweitern und ihren Individuierungsprozess erheblich voran zu bringen. Gabriele litt unter keinen Loyalitäts- und Zugehörigkeitskonflikten, was sich u. a. auch darin zeigt, dass sie im familiengeschichtlichen Gespräch, an dem sowohl ihre leibliche Mutter als auch die Pflegeeltern teilnahmen, offen über ihre Gefühle und Loyalitäten in Bezug auf ihre beiden Familien sprechen konnte (vgl. Gehres/Hildenbrand 2008, 50-61).

- Die fachlich informierte Pflegefamilie mit ihrer autonomieorientierten Bindung. Pflegekinder haben in dieser offiziell als Erziehungsstelle deklarierten Familie nach § 34 KJHG die Wahl, das Hilfeangebot anzunehmen oder abzulehnen. Die Bindung ist wechselseitig, aber eine aktive Beteiligung des Pflegekindes wird verlangt. Die Kooperation mit den Herkunftsfamilien oder dem Herkunftsmilieu wird immer dann angestrebt, wenn die Kinder diesen Bezug wünschen. Die Befindlichkeiten der Pflegeeltern oder affektive Ablehnung der Herkunftseltern durch die Pflegeeltern sind nachrangig gegenüber den Interessen der aufgenommenen Pflegekinder. Bei dieser Variante sind die Pflegeeltern in der Lage, je nach Alter und Bedürfnislage des Kindes zwischen Ersatz- und Ergänzungsfamilienfunktionen zu wechseln. Weiterhin wird dem Pflegekind ermöglicht, eine triadische Dynamik zu inszenieren, die der einer Herkunftsfamilie entspricht (Fälle Christoph Wilhelm und Lukas Lohe in der Pflegefamilie Strauch, vgl. Gehres/Hildenbrand 2008, 80-100).

Die rekonstruierten Fälle verdeutlichen, dass das Verständnis der sozialisatorischen und erzieherischen Arbeit von Pflegeeltern im Sinne der beiden in den 1980er und 1990er Jahren in der Fachöffentlichkeit in Deutschland heftig diskutierten Pflegefamilienkonzepten Ersatz und Ergänzung nicht die Bandbreite der Aufgaben und komplexen Prozesse des Aufwachsens in Pflegeverhältnissen erklären kann. Pflegefamilien sind in unserer Untersuchung kreativ, wenn es darum geht, das Zusammenleben mit Pflegekindern auf der Basis ihrer besonderen strukturellen Ausgangslage zu organisieren. Diese Kreativität zeigt sich in einem weiteren zentralen Ergebnis der beiden Studien, nämlich in dem fortgesetzten Bemühen der Pflegeeltern, das Aufwachsen des untergebrachten Kindes zu normalisieren, ohne mehrheitlich das Herkunftsfamilienmilieu auszugrenzen.

## *Der Modus des Als-Ob*

Es gelingt den untersuchten Pflegefamilien, ihren Pflegekindern Alternativerfahrungen zu ermöglichen, indem sie dem Kind einen gegenüber dem Herkunftsmilieu anderen Zu- und Umgang mit Familiengrenzen, eine andere Praxis der triadischen Pflegefamilienbeziehungen und eine andere affektive Rahmung innerhalb des pflegefamilialen Systems vermitteln können. Alle von uns untersuchten Pflegefamilien entwickeln eine unbedingte Solidarität bis auf Weiteres gegenüber dem Pflegekind. Wir haben diese Solidarität „Bis auf Weiteres" genannt, weil Pflegeverhältnisse immer befristet sind, auch wenn sie nach dem Kinder- und Jugendhilfegesetz (KJHG) in Deutschland als

Dauerpflegeverhältnis bis zum maximal 27. Lebensjahr des Pflegekindes planbar sind (in der Praxis enden die meisten Pflegeverhältnisse mit der Volljährigkeit der Kinder). Im Unterschied zur Solidaritätsstruktur in leiblich konstituierten Familien sind die Beziehungen in Pflegefamilien und die praktizierten Solidaritätsformen normativ nicht auf Dauer angelegt. Der Terminus „Als-Ob" bringt zum Ausdruck, dass die gemeinsame Lebenszeit während des bestehenden Pflegeverhältnisses so gestaltet wird, als ob es sich bei der Beziehungsgrundlage in der Pflegefamilie um eine leiblich fundierte Familie handeln würde und damit zeigt sich die Pflegefamilie als fiktive Familie im Sinne Hans Vaihingers (2007). Unabhängig vom konkreten oben genannten Pflegefamilientypus und den jeweiligen konkreten Bindungsformen entwickelten die untersuchten Pflegefamilien eine Solidarität bis auf Weiteres und damit ein hohes Maß an Vertrauen und Zuwendung, trotz der Befristung des Pflegeverhältnisses. Man kann es auch anders formulieren: Der Modus des „Als-Ob" ist die kreative Lösung von Pflegefamilien mit der widersprüchlichen Ausgangslage (familienähnliche Beziehungen auf beruflicher Grundlage zu praktizieren) so umzugehen, dass die Sozialisationsphase in der Pflegefamilie für die beteiligten Akteuere bewältigbar wird. Damit erweist sich die Pflegefamilie als Ort der Förderung von Resilienzprozessen[29] beim Pflegekind. Diese Prozesse bewirken, dass das Pflegekind das alternative Hilfeangebot annehmen kann ohne Verleugnung der doppelten Elternschaft als faktische lebensgeschichtliche, nicht hintergehbare Grundlage seiner Identität.

### *Erfahrungen von Pflegepersonen mit schwierigen Lebensbedingungen*

Erfahrungen der Pflegeeltern mit biographischen Krisen wie z. B. chronischer Krankheit der eigenen Eltern während der eigenen Kindheit, dem Ausfall eines Elternteils durch Scheidung, Trennung, Unfall, Tod, dem Zusammenleben unter Patchworkbedingungen, die Erfahrung eines radikalen Milieuwechsels durch z. B. Vertreibung nach dem Zweiten Weltkrieg wie bei der Pflegefamilie Strauch (Pflegekind Christoph Wilhelm und Lukas Lohe) oder gar die Verstrickung von Elternteilen in nationalsozialistische Aktivitäten während der NS-Zeit zwischen 1933 und 1945 wie z. B. die Väter von den Pflegevätern Babeck (Pflegekind Gabriele Schubert) und Hoffmann (Pflegekind Dieter Werner) können zum Aufbau und zur Stabilisierung von Pflege-

[29] Das Resilienzkonzept fokussiert auf die Bewältigungspotentiale von Menschen. Unter einer sozialisatorischen Perspektive geht es vor allem darum herauszuarbeiten, welche sozialen Bedingungen und auf welche Art und Weise Sozialisationsinstanzen, insbesondere signifikante Bezugspersonen, Kinder und Jugendliche in Krisenzeiten unterstützen können, damit diese Kinder „trotz widriger Bedingungen gedeihen" (Welter-Enderlin/Hildenbrand 2006).

verhältnissen beitragen. Vor allem deswegen, weil die Pflegeelternteile über eigene sozialisatorische Erfahrungen verfügen, die es ihnen erleichtern, die biographische Situation ihrer Pflegekinder besser zu verstehen. Denn jede Fremdunterbringung ist eine biographische Krise[30], allein schon deswegen, weil das Aufwachsen in zwei Familiensystemen in westlichen Gesellschaften nicht das Normalmodell von Familiensozialisation darstellt.[31] In den Fallrekonstruktionen von Dieter Werner und Gabriele Schubert haben die biographischen Erfahrungen ihrer Pflegeeltern mit Flucht und Vertreibung und der Verstrickung von Familienmitgliedern im Zusammenhang mit dem Nationalsozialismus in der Vorgängergeneration als ein Resilienz fördernder Faktor gewirkt, weil damit die Pflegeeltern die Lebenssituation, die Lebenswelt und vor allem die von ihrem Pflegekind zu leistenden Entwicklungsaufgaben besser verstehen konnten. Flucht, Vertreibung, Verstrickung in kollektive Ereignisse verkörpern eine existenzielle, nicht normative Krise für die davon betroffenen Familien und erzwingen einen radikalen Milieuwechsel zusammen mit einer sozialstrukturellen Neuverortung. Ähnliche Erfahrungen machen auch Pflegekinder heute, wenn sie gezwungen sind, sich in zwei vollkommen unterschiedlichen Familienmilieus (Herkunfts- und Pflegefamilie) zu positionieren und diese Erfahrungen in ihrem Identitätsentwurf zu integrieren (vgl. z. B. zur Bedeutung, Chancen und Risiken biographischer Krisen Gehres 2015, 143 ff.).

### *Das Konzept der Pflegefamilie als „Familie eigener Art"*

Die Identitätsbildung aller von uns untersuchten Pflegekinder ist, trotz sehr unterschiedlicher prekärer Ausgangslagen, insofern gelungen, als sie im Erwachsenenalter in der Lage sind, ihre Lebenspraxis ohne fremde Hilfe und überwiegend selbstbestimmt gestalten zu können. In den Pflegefamilien ist es gelungen, einen Modus zu (er)finden, der es ihnen ermöglicht hat, die schwierige, widersprüchliche Ausgangssituation von Pflegeverhältnissen so zu handhaben, dass der Widerspruch bewältigbar wurde, indem sich die Pflegefamilien zu „fiktiven" Pflegefamilien transformierten. Wir haben diesen Modus in Anlehnung an die Philosophie Hans Vaihingers (1924) „Als-Ob" genannt. Fiktionen haben nach Vaihinger Eigenschaften, die es ermög-

30 Hinzu kommt noch, dass mittlerweile, so Blandow (2004), die große Mehrheit der Pflegeeltern einem Mittelschichtsmilieu zugeordnet werden muss, während die große Mehrheit der Herkunftsfamilien primär aus prekären sozialstrukturellen Milieus stammt.

31 In Westafrika, genauer bei der ethnischen Gruppe der „Baatombu", ist traditionell ein anderes Normalitätsmodel von Elternschaft verbreitet, nämlich die Abgabe von Kindern nach der Geburt an andere Bezugspersonen: die soziale Elternschaft (vgl. hierzu die Forschungen von Alber 2014).

lichen, nicht bewältigbare, lebenspraktische Situationen und Bedingungen vorübergehend handhabbar zu machen (hier Familienleben in der Pflegefamilie vorzuleben, ohne die konstitutiven Bedingungen einer Familie erfüllen zu können). Das bedeutet, dass es sich bei diesem Modus des Als-Ob nicht um eine Selbsttäuschung oder Rationalitätsverleugnung handelt, sondern im Gegenteil um eine pragmatische und damit faktische, auf die Bewältigung von Aufgaben in der Lebenswelt von Pflegefamilien bezogene Lösung. Gleichermaßen bedeutsam für den Identitätsbildungsprozess ist auch die pflegefamiliale Triade, die, abgesehen von den Konstitutionsbedingungen, die gleiche Funktion wie bei leiblich konstituierten Familien erfüllt. So erfahren die betreuten Pflegekinder auch ihre Pflegefamilie als „einen widersprüchlichen Ort der Erprobung und Erlangung von Zugehörigkeit, Loyalität, Ambivalenz, Autonomie und Loslösung“ (Gehres, 2014). Dabei wirken vor allem die Ein- und Ausschlussprozesse im Rahmen der triadischen Interaktion zwischen den Pflegeeltern und dem Pflegekind und die dadurch entwickelten sozialisatorischen Fähigkeiten insoweit autonomiefördernd, als das Pflegekind in die Lage versetzt wird, biographische Krisen, Belastungen und soziale Anforderungen auszuhalten. Vor allem die Entwicklung der Ambiguitätstoleranz, verstanden als Toleranz gegenüber Erwartungsdiskrepanzen in Bezug auf Interaktionserfahrungen und Unverstandenes, Widersprüchliches aus der eigenen Lebensgeschichte, wird im Rahmen der strukturalen Triade informell, lebensweltnah erlernt. In der Soziologie sind diese triadischen Konstellationen und ihre sozialen Folgen schon sehr früh vor allem von Georg Simmel herausgearbeitet worden (vgl. z. B. Simmel 1992, aktuell z. B. Fischer 2010; Eßlinger u. a. 2010).

Über die triadische Erfahrung hinaus nehmen Pflegekinder Unterschiede zwischen ihren und anderen Pflegefamilien, Familien von Freundinnen und Freunden und ihrer Herkunftsfamilie wahr. Sie erleben personale Verbundenheit innerhalb der Mitglieder der Pflegefamilie, sie bemerken die Abgrenzung der Pflegefamilie gegenüber anderen Institutionen (z. B. andere Familien, Kita, Schule, Vereine, Gemeinschaften), in erster Linie gegenüber ihrer Herkunftsfamilie und der Jugendhilfebehörde. Damit bietet die Pflegefamilie wie leibliche Familien sowohl ein Milieu des Schutzes als auch der Exklusivität in dem Sinne, dass Freiräume entstehen, in denen soziale Aktivitäten ausprobiert werden können. Nicht zuletzt ist auch die hohe Flexibilität und Belastbarkeit der Pflegefamilie gegenüber Erwartungen und Anforderungen aus anderen gesellschaftlichen Institutionen (in der Kindheitsphase des Pflegekindes ist neben dem Jugendamt in erster Linie die Schule von Bedeutung) zu nennen (näheres zur Besonderheit familiärer Sozialisation siehe z. B. Winkler 2012; Gehres 2014).

Von allen untersuchten Pflegefamilien war sich die fachlich informierte Pflegefamilie Strauch am meisten über diesen Als-Ob-Status von Pflegeverhältnissen bewusst. Diese Pflegeeltern konnten damit ihre beiden Pflegekinder Christoph Wilhelm und Lukas Lohe (vgl. Gehres/Hildenbrand 2008, 80-100) wesentlich unterstützen, das schwierige Verhältnis zu ihren Herkunftsfamilien zu bewältigen. Dazu gehörte in erster Linie der Verzicht auf Versuche, Herkunftseltern aus Pflegeverhältnissen zu verdrängen, wie dies z. B. die Pflegeeltern von Dieter Werner getan haben, mit der Folge, dass Dieter Werners Ablöseprozess von der Pflegefamilie und Herkunftsfamilie erheblich zeitlich verzögert wurde und erst nach seinem 32. Lebensjahr einsetzte.

Aufgrund der Forschungsergebnisse haben wir ein neues Pflegeelternkonzept vorgeschlagen, nämlich die Pflegefamilie als „Familie eigener Art" zu verstehen, jenseits von Ersatz und Ergänzung. Die zentrale sozialisatorische Leistung der Pflegefamilie als einer primären Sozialisationsinstanz besteht demnach darin, Pflegekinder mindestens in dreifacher Hinsicht Alternativerfahrungen zu ermöglichen:

1. Ein anderer Zu- und Umgang bei der Gestaltung von Familiengrenzen durch Pflegeeltern: Pflegeeltern haben die Möglichkeit, ihr Verhältnis und ihre soziale Praxis in einer anderen Art und Weise als die Herkunftseltern und signifikanten Bezugspersonen in anderen Institutionen zu arrangieren und damit dem Kind differente Strukturen und Formen der alltagsweltlichen Handhabung von Übergängen zwischen diesen Institutionen und Personen zu vermitteln. Damit steigen die Chancen für Pflegeeltern, Loyalitäts- und Zugehörigkeitskonflikte bei den Pflegekindern zu minimieren.
2. Eine andere Ausformung der sozialisatorischen Interaktion in der Triade: Die im Rahmen von Dreieckskonstallationen unvermeidbaren Erfahrungen mit Ein- und Ausschlussprozessen bzw. wechselnden Koalitionen (z. B. Simmel 1992, 63-159; Buchholz 1993) zwischen den beteiligten Akteuren der jeweiligen Gruppen, bilden, auch im Rahmen von Pflegeverhältnissen, zentrale ontogenetische Erfahrungen für das Pflegekind. In Anlehnung an Parsons erweist sich auch in unserem Sample die Verteilung von expressiven und strukturgebenden, sozialisatorischen Funktionen auf zwei Erwachsene[32] als günstige Ausgangslage für gelingende Sozialisationsprozesse in der Pflegefamilie.
3. Andere affektive Familienerfahrungen: Im Erleben einer in den meisten Fällen über mehrere Phasen der Entwicklung des Kindes bestehenden belastbaren Zugehörigkeit und Bindung zur Pflegefamilie, auch in Konflikt- und Krisenzeiten, liegt eine große Chance von Pflegefamiliensozialisation.

[32] Dabei ist zu beachten, dass hierfür nicht das biologische Geschlecht entscheidend ist, sondern es darauf ankommt, dass Pflegekinder, wie auch leibliche Kinder, während der primären Sozialisation Erfahrungen mit Zuwendung und Abwendung, sozialer Anerkennung und sozialer Verpflichtung machen können.

Das bedeutet aber auch, dass die Pflegeeltern die Herkunftseltern nicht ausgrenzen (auch das Pflegekind ist Teil dieser Herkunftsfamilie), sondern sich auch affektiv auf die geteilte Elternschaft als konstitutive Grundlage von Pflegeverhältnissen einlassen. So ist z. B. Gabriele Schubert im familiengeschichtlichen Gespräch in der Lage, vor einem Fremden (dem Interviewer) und im Beisein ihrer Pflegeeltern und ihrer alleinerziehenden leiblichen Mutter offen über Loyalitäts- und Zugehörigkeitsgefühle zu sprechen und sich auch zu positionieren[33], ohne Angst haben zu müssen, aus einer der beiden Familien zumindest affektiv ausgeschlossen zu werden.

Die Studienergebnisse zeigen, dass es in der lebensweltlichen Praxis von Pflegefamilien sehr verschiedene Möglichkeiten gibt, diese unterschiedlichen Bedingungen, Erfahrungen mit unterschiedlichen Milieus, familialen Werten und Normen zu bewältigen, ohne ein Familiensystem dauerhaft aus dem Sozialisationsdreieck Herkunftsfamilie, Pflegefamilie und Jugendhilfebehörde auszugrenzen. Wenn die Integration im Modus des Als-Ob gelingt, können Pflegekinder von der Zugehörigkeit zu zwei ganz unterschiedlichen Familienmilieus profitieren und wie in unserem Fall Gabriele Schubert[34] für die eigene Identitätsbildung auf Ressourcen aus beiden Systemen zurückgreifen. Gabriele Schubert (1978 geboren) ist die Tochter einer alleinstehenden Frau mit wenig Kapital im bourdieuschen Sinne. Diese Mutter ist berufstätig in einem einfachen Beruf mit Arbeitszeiten zu ungewöhnlichen Tageszeiten. Nachdem es der leiblichen Mutter nicht mehr möglich war, die Betreuung ihrer Tochter während ihrer Arbeitszeit sicherzustellen, gibt sie Gabriele in eine Tagespflege zur Pflegefamilie Babeck, die dann auf Drängen der Pflegeeltern relativ schnell in eine Wochen- und zuletzt eine Dauerpflegestelle umgewandelt wird. Seit ihrem dritten Lebensjahr ist Gabriele als Dauerpflegekind bei der Pflegefamilie Babeck zusammen mit der ebenfalls dreijährigen, drei Monate älteren Adoptivtochter der Babecks. Beide Mädchen wachsen in der Familie Babeck auf und entwickeln eine enge, geschwisterähnliche Beziehung. Obwohl es sich bei der Pflegefamilie Babeck vom Typus her um eine Familie mit dem Selbstverständnis einer Ersatzfamilie handelt, integrieren sie die leibliche Mutter in ihr erweitertes Verwandtschaftssystem, nachdem sowohl Gab-

33 Gabriele Schubert wertet in der besagten Sequenz die Zugehörigkeit zu ihrer leiblichen Mutter höher als die zur Pflegefamilie, obwohl sie mit den Pflegeeltern auch nach der offiziellen Beendigung des Pflegeverhältnisses eng verbunden ist und auch noch in ihrem Haus unentgeltlich zusammen mit ihrem Verlobten lebt. Solch eine Offenheit ist nur möglich, wenn sie die Erfahrung einer stabilen, belastbaren Bindung zu den Pflegeeltern im Laufe ihrer fast 15 Jahre dauernden Unterbringung in der Pflegefamilie gemacht hat. Der Kontrastfall Dieter Werner, der auf fast genauso viele Jahre kommt, gerät schon in Loyalitätskonflikte, wenn er seinen letzten Pflegeeltern in seinem 32. Lebensjahr nur von einem Besuch bei seinen leiblichen Eltern erzählt.

34 Näheres siehe Gehres/Hildenbrand 2008, 50 ff.

riele als auch die Mutter eine häufige Anwesenheit im Haus der Pflegeeltern präferieren. Die ortsansässige leibliche Mutter bringt ihre Tochter jahrelang regelmäßig im Haus der Pflegeeltern ins Bett und verbringt wichtige jahreszeitliche (z. B. Weihnachten, Ostern) und private (z. B. Geburtstage) Feste im Haus der Pflegeeltern. Sie wird so zu einem erweiterten Mitglied der Pflegefamilie. Diese ursprünglich aus dem Sudetenland stammende Pflegefamilie reinszeniert nach ihrer Flucht und Neuansiedlung in einer nordhessischen Provinzstadt das ihr aus dem Sudetenland vertraute Familienleben in ihrem großen Mehrfamilienhaus, in dem neben der Schwester der Pflegemutter und ihrer Familie auch noch eine junge Frau mit Kind aus Südamerika lebt. Im Erwachsenenalter leben zusätzlich noch die Adoptivtochter mit ihrem Mann und ihren beiden Kindern sowie bis 2006 auch Gabriele zusammen mit ihrem Verlobten in diesem Mehrfamilienhaus der Babecks. In diesem Jahr bezogen Gabriele und ihr Verlobter ein zusammen neu gebautes Haus, das nur wenige hundert Meter vom Haus der Pflegeeltern entfernt liegt.

Als Quintessenz ergibt sich, dass die Pflegeeltern in der Lage waren, die häufigen Kontakte der leiblichen Mutter gegenüber ihrer Tochter in ihrem Haus zu erlauben; sie verfügen über eine situative Sensibilität, indem sie ihren ursprünglichen Plan einer Ersatzfamilie für Gabriele mit weitgehendem Ausschluss ihrer leiblichen Mutter aufgeben und sich quasi zu einer neuen Form von Familie neu erfinden. Die Pflegeeltern Babeck nehmen die leibliche Mutter in ihr bezogen auf die Mitgliedschaft von nicht verwandten Personen relativ flexibles Familiensystem auf. Die langfristige biographische Entwicklung von Gabriele Schubert zeigt in der wissenschaftlichen Rekonstruktion eine Integration in zwei sozialstrukturell sehr unterschiedliche Familiensysteme. Gabriele versteht es, aus beiden Familien Ressourcen für ihre Autonomiebildung zu ziehen. Das betrifft vor allem die Beschaffenheit privater Beziehungen, den Umgang mit beruflichen Anforderungen, die erfahrene sozialisatorische Stabilität und affektive Zugehörigkeit zu beiden Familiensystemen. Darüber hinaus erweist sich das Familienmodell der Pflegefamilie (die Kernfamilie im Sinne Parsons) attraktiv für Gabrielle (sie verlobt sich im 18. Lebensjahr), lebt bis heute (Stand 2008) mit diesem Verlobten zusammen. Ebenso wie Gabriele sieht ihre Mutter in der Partnerschaft der Pflegeeltern ein aussichtsreiches Modell für Beziehungen. Denn 1991 geht sie eine dauerhafte, eheliche Beziehung ein. Zuvor waren ihre privaten Beziehungsarrangements über zwei Jahrzehnte hinweg durch wenig dauerhafte Bindungen gekennzeichnet (die Fallmonographie ist bei Gehres/Hildenbrand 2008, 50-61 abgedruckt).

# Professionstheoretische Implikationen von Pflegeverhältnissen – Das rahmende System Pflegefamilie und das gerahmte System Herkunftsfamilie

Themen aus dem Bereich öffentlich verantworteter Sozialisation, insbesondere zum Aufwachsen und der Identitätsbildung von Kindern und Jugendlichen zwischen Herkunfts- und Pflegefamiliesystemen sind vor allem im deutschsprachigen Raum ein Forschungsdesiderat. In der Forschungsliteratur finden sich wenige deutschsprachige Arbeiten, die mit einem aufwendigen qualitativen Forschungsdesign auf der Grundlage des interpretativen Paradigmas arbeiten, das es ermöglicht, Sozialisationsprozesse differenziert im Mikrobereich zu rekonstruieren. In chronologischer Reihenfolge ist zuerst die Dissertation von Josef Faltermeier (2001) über die Folgen einer Fremdunterbringung für davon betroffene Herkunftseltern zu nennen. Es handelt sich dabei um die Auswertung von insgesamt 16 narrativ erhobenen Interviews mit Herkunftseltern. Weiterhin die fallrekonstruktive Einzelfallstudie (ebenfalls eine Dissertation) von Stefanie Sauer (2008) über eine Pflegefamilie, die neben der Pflegetochter auch die leibliche Mutter in ihr Familiensystem integriert und dabei gleichzeitig den mit der Mutter in einem Haushalt lebenden leiblichen Vater ausgrenzt. Dann folgte die zusammen mit Bruno Hildenbrand (2008) erstellte und bisher umfangreichste grundlagenorientierte Studie über die Identitätsbildung von sechs unterschiedlichen ehemaligen Pflegekindern. Das methodische Design bildet auch hier ein fallrekonstruktiver Ansatz (vgl. Hildenbrand 2005). Im gleichen Jahr erschien auch die hermeneutisch ausgewertete Dissertation von Marmann (2008) über die sozialisatorischen Folgen der Aufnahme von Pflegekindern für die leiblichen Kinder der Pflegeeltern. Ebenfalls 2008 erschien eine explorative Studie von Daniela Reimer (2008), die auf der Grundlage der Auswertung von drei biographischen Interviews mit ehemaligen Pflegekindern und einer Gruppendiskussion den Übergang von der Herkunftsfamilie in die Pflegefamilie im Rückblick fokussierte und dabei die beiden Familienformen als „Familienkulturen" konzeptualisierte. Ein Jahr später erschien eine kleinere, ebenfalls rekonstruktive Arbeit über die „Resilienz bei Pflegekindern" von Claudia Pietsch. Zuletzt kam ein Sammelband von der Siegener Forschungsgruppe um Klaus Wolf (2015) heraus. Darin finden sich eigene Studien und Forschungsstände zu verschiedenen Aspekten der "sozialpädagogischen Pflegekinderforschung."[1]

Im Folgenden beschränke ich mich auf die Sozialisation und Erziehung in der Pflegefamilie, die sich vor allem im Kontext von alltäglichen Bezügen vollzieht und damit im Sinne Winklers (2012) als eine primär vorpädagogische Praxis charakterisiert werden kann. Vorpädagogisch insofern, als der Großteil pädagogischer Aktivitäten der Pflegeeltern nicht wie in professionellen Settings üblich durch Entwicklungs- und Erziehungspläne oder gar „sozialpädagogische Diagnosen" (vgl. z. B. Kraimer 2012; Mollenhauer/Uhlendorff 2004) bei zeitweise problematisch verlaufenden Entwicklungsphasen gerahmt wird, sondern die Pflegeeltern leisten ihre sozialisatorische Arbeit primär durch ihr Handeln in wenig strukturierten, diffusen Alltagssituationen, wie dies auch der ihnen von der Jugendhilfe zugeschriebene Status ausweist. Pflegeeltern sollen familienähnliche Sozialbeziehungen aufbauen. Am Beispiel der Pflegefamilie wird am auffälligsten sichtbar, in welche Paradoxien und mit welchen Aufgaben sowohl die Professionellen als auch „die professionalisierten Familien" konfrontiert werden. Denn ein auch grundgesetzlich geschützter Topos in der Familienhilfe besagt, dass die Erziehungshoheit in der Familie liegt und der Staat nur dann in die Autonomie der Familie in ihrer Funktion als primäre Sozialisationsinstanz eingreifen darf, wenn sie ihrer Verpflichtung zu Versorgung und Sicherstellung der affektiven und körperlichen Unversehrtheit ihrer Kinder nicht nachkommt (vgl. GG Artikel 6 und BGB Artikel 1666, Wiesner 2015, 196 ff.; Wiesner 2015a, 35 ff.). Im Fall der Pflegefamilienunterbringung zeigt sich dagegen ein Sonderfall. Diese Intervention geschieht auf der Grundlage eines Verdachtes auf Kindeswohlgefährdung. So erinnert z. B. Münstermann (2013) nicht nur an das breite Spektrum möglicher Definitionen von Kindeswohlgefährdungen, sondern verweist auf kognitive Fallen von Kinderschutzbemühungen. Diese Fallen können einerseits darin bestehen, dass die Interpretationen der Fach-

---

1 Auf eine Erwähnung von Arbeiten aus dem angelsächsichen Raum verzichte ich hier aus mehreren Gründen. Der Hauptgrund liegt darin, dass sich meine Überlegungen und Forschungsergebnisse auf in deutschen Pflegefamilien aufgewachsene Personen beziehen und ich bisher über keine Forschungspraxis im angelsächsischen Raum verfüge, was durchaus sehr reizvoll wäre. Es finden sich im angelsächsischen Raum interessante Studien mit qualitativen Designs, in der Regel allerdings weniger ausdifferenziert als die interpretativ-hermeneutische Forschungstradition im deutschsprachigen Raum. So z. B. die britische Studie von Claire Taylor (2006) über mögliche biographische Zusammenhänge zwischen einer Unterbringung in einer Pflegefamilie und einer späteren devianten Karriere (Gefängnisaufenthalt). Die Auswertung der erhobenen offenen Interviewdaten von insgesamt 24 Frauen und 15 Männern erfolgte nach der Methode der *grounded theory*. Bei einer weiteren Studie aus den USA, die Dissertation von Teresa Swartz (2005), handelt es sich um eine ethnographische Studie mit einem insgesamt 22 Monate dauernden Aufenthalt bei einem Freien Träger, der Pflegeeltern fachlich begleitet und bei Krisen berät (genauere Informationen vgl. Gehres 2007a, 59 ff.).

kräfte eine alltagsorientierte Sicht und damit im Gegensatz zu wissenschaftlichen Deutungen wenig reflexive Distanz zum Erkenntnisgegenstand aufweisen und anderseits durch eigene nicht reflektierte, sozialisatorische Erfahrungen beeinflusst sind:

„Wenn Erwachsene über das Wohl des Kindes sprechen, gelingt es ihnen nur selten, ihre eigene Sichtweise zu verlassen und in die ‚Schuhe des Kindes zu schlüpfen'. Noch schwieriger fällt es ihnen, von ihren eigenen Kindheitserfahrungen zu abstrahieren und traumatische Erfahrungen nachzuempfinden, die sie selbst nicht erlebt haben. Wer sich dem ‚Kindeswohl' als zentralen Begriff der Kinder- und Jugendhilfe, des Familienrechts und der Familienpolitik nähern will, ohne sich vorschnell auf gängige Haltungen (‚Ist doch klar, was die Kinder brauchen!') zu beziehen, könne dies auf verschiedene Weise tun:

1. Fallgeschichten nutzen, um von der Lebenssituation eines konkreten Kindes aus den Begriff ‚mit Leben zu füllen'.
2. Erkenntnisse und Theorien der Entwicklungspsychologie, der Bindungstheorie und hermeneutischen Erziehungswissenschaft nutzen.
3. Rechtshistorisch wie rechtssystematisch die Entwicklung und den aktuellen Stand entfalten.
4. Sozialpädagogisch und systemisch die Entscheidung und den Klärungsprozess zum Wohl des Kindes in den Mittelpunkt stellen." (Münstermann 2013, 77).

Noch grundsätzlicher, vor allem historisch differenzierter wird der Begriff des Kindeswohls in dem Sammelband von Kaufmann/Ziegler (2003) erörtert. Insbesondere die soziologische Perspektive von Nave-Herz (2003, 75 ff.) verdeutlicht, dass nur über eine fallbezogene Analyse die von Münstermann angedeuteten Perspektivenverengungen vermieden werden können. Ein interdisziplinärer Zugang, der in der Fachdiskussion um den Kinderschutz zuweilen gefordert wird, erscheint mir nicht nur wegen häufig unklarer Aufträge, Absprachen, immenser Arbeits- und Kooperationsanstrengungen und Nutzenperspektiven zwischen den beteiligten Institutionen und Professionen (z. B. Schnurr 2012, 251 ff.) wenig erhellend, sondern auch weil ganz unterschiedliche disziplinäre und vor allem wissenschaftstheoretische Zugangsweisen dabei aufeinandertreffen (vgl. z. B. Kuhn 1976). Wie auch in den reformpädagogischen Projekten und Konzepten zu Beginn des 20. Jahrhunderts (vgl. z. B. Herrmann/Schlüter 2012; kritisch Dudek 2012 und Oelkers 2011) erscheint mir die proklamierte „Pädagogik vom Kinde aus" in gegenwärtigen Kinderschutzbestrebungen insofern widersprüchlich, als der soziale Kontext und reziproke Verstrickungen zwischen Kindern und Erwachsenen gar nicht systematisch in den analytischen Blick genommen werden. Die Idee, ein Kind und seine sozialisatorische Entwicklung unabhängig von spätestens mit seiner Geburt manifest und konstitutiv bestehenden triadischen sozialisatorischen Strukturen zu betrachten, stellt familiensoziologisch betrachtet einen theoretischen Rückschritt dar. Genauso wenig wie ein Pflegeverhältnis nicht ohne die Herkunftsfamilie begründet werden kann, ist ein sozialisatorischer Prozess ohne soziale Kontexte auf Grund des besonderen existentiellen und damit anthropologischen Status des Menschen als „instinktreduziertes Wesen“ (Gehlen 2009) nicht möglich. Gerade aus diesem Status kann bereits bei Gehlen die doppelte Kontingenz sozialer Zusammenschlüsse erklärt werden: Einerseits bedeutet Instinktreduzierung einen Mangel, einen Nachteil gegenüber eher instinktgesteuerten tierischen Populationen, deren Verhaltensoptionen überwiegend durch genetische Dispositionen gesteuert werden. Anderseits transformiert sich dieser Mangel in menschlichen Gesellschaften gewissermaßen in eine besondere Chance, nämlich selbstbestimmt das gesellschaftliche Zusammenleben zu gestalten und damit Entscheidungsmöglichkeiten und Handlungsoptionen zu steigern (vgl. z. B. Delitz 2011). Damit zeigt sich die genetisch nicht festgelegte Konstitution des Menschen als eine Voraussetzung von Autonomiebestrebungen. Analog hierzu könnte man auch sagen, dass nur das Vorhandensein von zwei Familiensystemen im Kontext von Pflegefamilienunterbringungen es den Pflegeeltern ermöglicht, eine alternative Praxis familienähnlicher Sozialisation und Erziehung zu entwickeln. Ohne die Herkunftseltern könnte das betreute Kind in der Pflegefamilie nicht seine Optionen in Bezug auf seinen Identitätsbildungsprozess erweitern. Weiterhin hätten die Pflegekinder nicht die Chance einen Milieuwechsel zu erleben, was z. B. in unserem Sample auf alle rekonstruierten Fälle zutrifft.

## *„Scheitern“ von Pflegeverhältnissen als Risiko und Chance zur biographischen Neuorientierung*

An der Thematik des „Scheitern“ von Pflegeverhältnissen werden im Folgenden zentrale professionelle Herausforderungen, Widersprüche und identitätsfördernde fachliche Aktivitäten und Haltungen exemplarisch verdeutlicht. Problematische Sozialiationsverläufe bei Pflegefamilienunterbringungen sind bisher in der einschlägigen Forschung und Literatur wenig beachtet worden, erst im Zusammenhang mit dem Tod des Hamburger Pflegekindes Chantal 2012 wird dieses Thema zumindest virulenter diskutiert, allerdings eher in Form von selektiver Betroffenenliteratur sowohl für als auch gegen eine Unterbringung in Pflegefamilien (z. B. Strebe 2008; Marshall 2013; Schmidt 2013; Hees 2013; Kunze 2013). Einer der wenigen fachlichen Monographien zu diesem Thema liefert Münstermann (2013). Er trägt die vorliegenden veröffentlichen Daten zum Fall Chantal zusammen und rekonstruiert auf dieser Grundlage relativ detailliert ihre Lebensphase in ihrer drogenabhängigen Pflegefamilie zwischen 2008 und ihrem Tod 2012 (vgl. Münstermann 2013, 39-59). Dabei zeichnet sich ab, dass Mitarbeiterinnen und Mitarbeiter von Jugendhilfebehörden Hinweise auf Probleme in der Pflegefamilie nicht an die zuständigen Sachbearbeiter weiter vermittelt oder sogar ignoriert haben. Generell begrüßt Münstermann daher das neue Bundeskinderschutzgesetz um „die Anstrengungen zur Absicherung der Auswahl, der Vermittlung und Beratung von Pflegefamilien zu erhöhen." (Münstermann 2013, 60). Gleichzeitig sieht er aber auch die Gefahren für die pädagogische Arbeit, die bei einer übermäßigen Fokussierung auf die Verhinderung von kinderwohlgefährdenden Praktiken bestehen, z. B. den Eindruck einer „fürsorglichen Belagerung" (Münstermann 2013, 60) der bei Pflegeeltern entstehen könnte. Daher plädiert Münstermann für einen behutsamen Umgang mit Prozessen des „Scheiterns" in Pflegefamilien: „Ein Schutzkonzept, das in erster Linie die Sicherheitsbedürfnisse der Erwachsenen im Blick hat, ist kein pädagogisches, sondern ein juristisches Konzept. Kinder müssen sich erproben dürfen, machen deshalb Fehler und gehen Risiken ein" (Münstermann 2013, 61).

In der sozialpädagogischen Fachdiskussion versteht man unter „Scheitern" einen „Abbruch", eine frühere Beendigung von Pflegeverhältnissen als im Hilfeplan vorgesehen. In den Worten von Blandow:

„Allgemein wird man unter einem Abbruch des Pflegeverhältnisses einen Prozess zu verstehen haben, an dessen Ende die ‚Aufkündigung' des gemeinsamen Lebens steht. Eine solche Aufkündigung kann vom Sozialen Dienst ausgehen, weil er das Pflegeverhältnis für nicht mehr tragfähig hält und nicht mehr dem Wohl des Kindes entsprechend (‚Herausnahme'), weil sich die Pflegeeltern mit der Betreuung des Kindes oder mit der Gesamtsituation überfordert sehen und seine weitere Betreuung verweigern (‚Rückgabe') oder weil sich das Pflegekind selbst weigert, weiterhin in der Pflegefamilie zu bleiben und aktiv die Beendigung des Pflegeverhältnisses betreibt (‚Weggang')." (Blandow, 2004, 142).

In diesem eher formalen Verständnis von Scheitern zeigt sich ein Widerspruch insofern, als Pflegeverhältnisse immer zeitliche Befristungen einschließen. Deshalb habe ich ein anderes Verständnis von Scheitern vorgeschlagen (Gehres 2007), das die strukturelle Vorläufigkeit von Pflegeverhältnissen berücksichtigt. Eine Erweiterung der Perspektive wird durch das soziologische und systemische Konzept des Rahmens ermöglicht. Unter „Rahmen" werden Organisationsmuster von Erfahrungen und Ereignissen verstanden, die sowohl subjektive Orientierung in Handlungssituationen (Antworten auf die Frage Goffmans geben „was geht hier vor?") ermöglichen als auch die Entwicklung von neuen Handlungsmustern (vgl. z. B. Welter-Enderlin/Hildenbrand 2004, 44 ff.) befördern. Übertragen auf die Situation in

Pflegefamilien erscheint mir das Konzept der affektlogischen Rahmung von Welter-Enderlin und Hildenbrand (Welter-Enderlin/Hildenbrand 2004, 48 ff.; vgl. auch Welter-Enderlin/Hildenbrand 1998) Erkenntnis erweiternd zu sein, weil hierbei eine wechselseitige Verbindung zwischen zwei unterschiedlich strukturierten Systemen beschrieben wird. Auf der einen Seite ein „gerahmtes System", das vor allem durch Instabilität und hohe Krisenanfälligkeit gekennzeichnet ist und auf der anderen Seite ein „rahmendes System", das Stabilität und hohe Krisenbewältigungsfähigkeiten garantiert und daher für das gerahmte System als eine wichtige Ressource fungieren kann (vgl. Welter-Enderlin/Hildenbrand 2004, 54).

In diesem Sinne könnte man bezogen auf das Verhältnis von Herkunftsfamilien und Pflegefamilien sagen, dass Pflegefamilien die Funktion des rahmenden Systems übernehmen, während die Herkunftsfamilien dem instabilen bzw. dem gerahmten Familiensystem entsprechen. Die zentrale Aufgabe der Pflegefamilie besteht darin, im Vergleich mit dem Herkunftssystem, stabilere Sozialisationsstrukturen zu entwickeln und Solidarität im Modus des Als-Ob zu ermöglichen (vgl. hierzu Gehres, 2005), d. h. ihr vertragsgemäß begründetes Zusammenleben mit dem Pflegekind so zu gestalten, als ob es sich bei der Familienform und Sozialisationspraxis der Pflegefamilie um eine leiblich-konstituierte Familie handeln würde. Das Ziel der Sozialisation in der Pflegefamilie besteht dann primär darin, anstelle von Konkurrenzbeziehungen oder gar Kontaktabbruch gegenüber dem gerahmten Herkunftsfamiliensystem ein „Fließgleichgewicht (Metastabilität) zu erzeugen, welches mit der Zeit eine neue Ordnung des Denkens, Fühlens und Handelns ermöglicht" (Kriz 1997, zitiert bei Welter-Enderlin/Hildenbrand 2004, 56). In der Auseinandersetzung mit der eigenen Herkunftsgeschichte und dem Faktum, neben den biologisch-sozialen auch noch faktische Eltern zu haben, liegen Möglichkeiten für Identitätsbildungsprozesse von Pflegekindern. In unseren Fallrekonstruktionen erwiesen sich bei Gabriele Schubert die leibliche Mutter, bei Pia Altdorf und ihrem Bruder Jakob der ältere leibliche Bruder (im Falle von Pia auch noch die damalige ältere Lebenspartnerin ihres älteren Bruders), bei Lukas Lohe ein ehemaliger Freund seiner Mutter und dessen Partnerin einschließlich einer aus dieser Beziehung entstandenen Halbschwester sowie bei Christoph Wilhelm die Großeltern väterlicherseits als erweiterte signifikante Bezugspersonen für die Identitätsentwicklung.

Wenn man von diesem konzeptionellen systemischen Ansatz ausgeht, dann kann ein anderes Verständnis von Scheitern formuliert werden. Scheitern ist demnach der nicht gelingende Versuch, den Sozialisationsprozess von Pflegekindern mit Hilfe der Unterbringung in Pflegefamilien so zu gestalten, dass für das Kind eine Alternative zum Herkunftskontext geschaffen wird. In diesem Falle kann während des gemeinsamen Zusammenlebens in der Pflegefamilie kein dauerhafter Einfluss auf den Sozialisations- und Identitätsbildungsprozess des Pflegekindes hergestellt werden. In Folge dessen ist die Beendigung des Pflegeverhältnisses mit der Option, eine andere Form der Unterstützung für das Pflegekind zu wählen, eine Chance, um einen erneuten Versuch zu wagen diesen sozialisationsfördernden Rahmen zu schaffen. Nach diesem Verständnis sind vorzeitige Beendigungen von Pflegebeziehungen Formen des temporären Scheiterns und damit Problemlösungen, die immer zugleich Optionen einschränken und neue eröffnen.

Im Einzelnen können die Gründe sowohl für als auch gegen eine gelingende sozialisatorische Neuorientierung des Kindes in der Pflegefamilie in mindestens vier Bereichen lokalisiert werden:

1. Der Bereich, der sich auf die Strukturen sozialisatorischer Interaktion und der daran anschließenden Beziehungsdynamik bezieht: Das betrifft vor allem den Versuch, die geteilte Elternschaft als konstitutive Grundlage von Pflegebeziehungen zu leugnen und dessen Folgen für die Gestaltung der Beziehungen, insbesondere gegenüber dem Herkunftsmilieu.
2. Die Schnittstelle zwischen den pflegefamilialen Milieus und die Bedeutung außerfamiliärer Sozialisationseinflüsse: Vom erweiterten sozialen Umfeld von Pflegeeltern können biographisch wirksame Einflüsse auf den Identitätsbildungsprozess des Pflegekindes ausgehen.
3. Ausschließende loyale Bindungen an signifikante Bezugspersonen aus dem Herkunftsfamilienmilieu: Eine biographische Folge davon kann darin bestehen, dass sich das Kind nur einem Familiensystem verpflichtet fühlt und sich damit alternativen Familienerfahrungen nicht öffnen kann, weil es in diesem Fall die Zugehörigkeit zu seinem präferierten Familiensystem gefährden würde.
4. Biographische Erfahrungen und Verstrickungen von Pflegepersonen als Chance für sozialisatorische Alternativerfahrungen von Pflegekindern.

## *Widersprüchliche Beziehungsgrundlage in der Pflegefamilie als Herausforderung*

Eine erste zentrale „fachliche" und zugleich paradoxe Herausforderung für Pflegeeltern ist es, einen *modus vivendi* hinsichtlich der Gestaltung der Sozialisations- und Erziehungsprozesse in der Pflegefamilie vor dem Hintergrund des nicht auflösbaren Herkunftsfamiliensystems zu entwickeln. Dieser familienähnliche, aber nicht äquivalente Status der Pflegefamilie im Vergleich zur Herkunftsfamilie gründet auf den bereits angesprochenen exklusiven Strukturmerkmalen leiblich konstituierter Familien.[2] Diese Strukturen sozialiatori-

---

2 Diese sind nach Parsons (1981/1968) und Oevermann (2001a; 1997) die lebenslange Zugehörigkeit der Mitglieder, die Nicht-Austauschbarkeit des Personals und besonde-

scher Interaktion haben den Stellenwert von Konstitutionsbedingungen für primäre Sozialisation, die sich als besonders funktional erwiesen haben. Die triadische Struktur der primären Sozialisationsinstanz Familie und das in allen bekannten Gesellschaften verbreitete Inzesttabu[3] (vgl. z. B. Hirsch 1990) als konstitutive Regel von Sozialität (vgl. z. B. Levi-Strauss 1984; Wagner 2004) garantieren am ehesten das Erleben von Ein- und Ausschlussprozessen (vgl. z. B. Buchholz 1993) innerhalb der familialen Dyaden sowie die Erfahrung von Ambivalenz auf Grund der Doppelfunktion des Vaters bzw. des symbolischen Dritten (vgl. z. B. Lang 1986, 203 ff.). Das Dritte ist für das Kind in modernen Gesellschaften zugleich Repräsentant gesellschaftlicher Normen und Werte und affektiv nahe stehende zentrale Bezugsperson bzw. versagende Autorität und gewährender „Spielkamerad" zugleich.[4]

---

re Solidaritätsverhältnisse. Es handelt sich dabei um die leibliche Fundierung, ein hohes Maß an affektiver Bindung und Belastbarkeit sowie einen hohen Grad von wechselseitigem Vertrauen.

3 Butler (2015) setzt sich in ihrem Beitrag über die „Zwickmühlen des Inzestverbots" vor allem mit den sozialen Folgen realen und phantasierten Inzests auseinander. Sie problematisiert dabei das Problem des Wissens und Nicht-Wissens und die Bedeutung des Inzestthemas für soziale Ein- und Ausschlussprozesse.

4 An dieser Stelle erscheint es mir sinnvoll zu sein, eine Einschränkung in Bezug auf die hier u. a. indirekt angesprochene psychosexuelle Entwicklung von Kindern und dem in der Psychoanalyse aber auch bei Ulrich Oevermann (2004) postulierten Ödipuskonflikt vorzunehmen. Es kann hierzu kritisch eingewendet werden, dass die Geschlechterrollenbildung nicht unbedingt auf den Ödipuskomplex reduziert werden kann. Bei diesem Konzept handelt es sich um eine selbstreferenzielle, psychologische Theorie, die zunächst erst einmal eine starke Hypothese darstellt und empirisch nicht belegt ist. Denn die vor allem in der adoleszenten Lebensphase zentrale Entwicklungsaufgabe der Geschlechterrollenbildung vollzieht sich nicht nur als körperlich-psycho-sozialer Entwicklungsprozess, sondern auch vor dem Hintergrund säkularer gesellschaftlicher Vorstellungen über Sexualität und Partnerschaft. Insofern ist die Frage, ob ein Kind ein gegengeschlechtliches Gegenüber, Vater- und Mutterfiguren, braucht, mit dem es konkurrieren kann und das lebensgeschichtlich später dahingehend als Ideal sublimiert und später auf andere Frauen beim Jungen bzw. andere Männer beim Mädchen übertragen werden muss offen und nicht so eindeutig beantwortbar, wie das in der Tradition der Psychoanalyse und bei Oevermann behauptet wird. Identitätsbildungsprozesse enthalten auch Selbstattributionen (Zuschreibungen an sich selbst). Diese Selbstattributionen entstehen zwar in einem inneren Selbstdiskurs, der aber nur scheinbar ein Monolog ist, sondern mit dem „Generalisierten Anderen" im Sinne Meads (1973) oder noch präziser in unserer pluralen Gesellschaft den „Generalisierten Anderen" geführt wird. Und darüber entstehen dann Wahlmöglichkeiten, Konfliktpotentiale, die weit über den klassischen Ödipuskomplex hinausgehen und durch ihn alleine nicht erklärbar sind. Sozialstrukturtheoretiker, die sich in anspruchsvoller Weise über den Zusammenhang zwischen Sozialstruktur und individueller Entwicklung wie Talcott Parsons (1964; 1981/1968) Gedanken gemacht haben, nahmen dabei Bezug auf eine Psychologie, die zu der damaligen Zeit eine besonders in Amerika dominante Strömung verkörperte und auch besonders plausible Erklärungen geboten hat. Während die Verhaltenstherapie fast ausschließlich von Nachahmungs- und Konditionierungsmustern ausgegangen ist, ermöglichte die Psychoanalyse für Soziologen in der damaligen Zeit die Herstellung eines kulturellen und

Das familiale Milieu repräsentiert eine basale Qualität für Identitätsbildungsprozesse insofern, als hier eine „zweckfrei sich reproduzierende Reziprozität" (Wagner 2004, 59) erlebt werden kann. Das Ziel der Sozialisation ist die Erlangung von weitgehender Autonomie, damit sind in erster Linie Sinnstiftungs- und Handlungsfähigkeit zur Gestaltung eines weitgehend selbstbestimmten Lebens gemeint, auf der Grundlage eines dialektisch gedachten Verhältnisses zwischen Individuum und Gesellschaft. Entscheidend ist dabei die normative Kraft der Strukturmerkmale in Bezug auf die Gestaltung des Zusammenlebens in diffusen Kontexten, die auf der Grundlage leiblicher Herkunft, ein hohes Maß an wechselseitiger Verbindlichkeit, Orientierung und Vertrauen zum Ausdruck bringen. Wo diese leibliche Herkunft nicht gegeben ist wie in Fremdpflegefamilien, sehen diese sich vor die Aufgabe gestellt, nach innen familienangemessen geeignete Formen des Zusammenlebens auf der Grundlage der gegebenen quasi-universellen Strukturmerkmale aufzubauen. Nach außen müssen sie ihre Lebenspraxis gegenüber Instanzen der sozialen Kontrolle legitimieren. Pflegefamilien können hingegen ihre Beziehungen zum Kind nicht auf der Unendlichkeitsfiktion leiblicher Familien begründen. Stattdessen sind sie gezwungen, ihre Beziehungen in Folge ihres unter Vorläufigkeit stehenden Bestandes auf der Basis einer Als-Ob-Fiktion zu kreieren. Eine unmittelbare Folge dieser Ausgangslage besteht darin, dass Pflegebeziehungen, strukturell betrachtet, im Vergleich zu Herkunftsfamilien ein geringes Maß an Stabilität aufweisen. Kommt es in Pflegefamilien zu eskalierenden Problemen, können die betreuten Pflegekinder im wahrsten Sinn des Wortes – auf Grund der Austauschbarkeit des Personals und der nicht vorhandenen lebenslangen Zugehörigkeit – an die Jugendhilfebehörde zurück gegeben werden.

Im Einzelnen lassen sich in unserem Analysematerial zwei Praxen von Pflegefamilien erkennen, mit der widersprüchlichen Ausgangslage so umzugehen, dass die Wahrscheinlichkeit sich erhöht, dass während der Unterbringung wenig alternative Sozialisationsprozesse initiiert werden können. Die erste Praxis besteht in dem Versuch, das Herkunftsfamiliensystem aus dem Pflegeverhältnis auszuschließen. Diese ausschließende Praxis der Pflegeeltern kann sich im Einzelnen in folgenden Handlungsweisen zeigen (dafür steht in unserem Sample exemplarisch die Pflegefamilie von Dieter Werner Pauly/Hoffmann, vgl. Gehres/Hildenbrand 2008, 39-50):

- wenig Interesse von Pflegepersonen an der Beschäftigung mit der Vorgeschichte und der Herkunftsfamiliensituation des Pflegekindes,

mythologischen Bezuges. Freud selbst hat seinen Ansatz weniger als eine klinische Theorie gesehen, sondern eher als eine Kulturpsychologie (z. B. Freud 2009).

- im Anspruch von Pflegeeltern, allein für die weitere Entwicklung des betreuten Pflegekindes verantwortlich zu sein,
- in einer pauschalen Disqualifizierung des Handelns von Herkunftseltern,
- in einer ausschließlichen Orientierung an einem der beiden traditionellen Pflegeelternkonzepte (Ersatz oder Ergänzung),
- in einer Erziehungspraxis, bei der statt Selbstreflexion primär Zuschreibungen an die Herkunftsfamilie dominiert
- und in einer Handlungspraxis, bei der bei Problemen in der Pflegefamilie zu lange gewartet wird, bis eine fachliche Beratung, Unterstützung oder Begleitung in Anspruch genommen wird.

Diese Varianten pflegefamilialer Praxis symbolisieren einen Habitus, den der fachlich informierte Pflegevater Strauch in unserem Sample als die „Haltung des Gutmenschen" beschrieben hat: „so nach dem Motto jetzt sind wir doch so gute Eltern, wie kann ein Kind nur andere Eltern uns gegenüber vorziehen". Mit solch einem Habitus von Pflegeeltern erhöht sich das Risiko, dass das Pflegekind Alternativerfahrungen in der Pflegefamilie nur eingeschränkt oder gar nicht erleben kann, weil damit Zugehörigkeits- und Loyalitätskonflikte auf Seiten des Kindes gesteigert werden. Eine weitere mögliche Folge besteht auf der Seite der Pflegeeltern darin, dass der auf Grund ihrer Selbstzuschreibung als „Gutmenschen" implizierte normative Anspruch ihre Handlungsmöglichkeiten übersteigt und damit die Gefahr einer vorzeitigen Beendigung des Pflegeverhältnisses Vorschub geleistet wird (vgl. hierzu z. B. auch die Ergebnisse von Erzberger 2003, zitiert bei Blandow 2004, 133 ff.). Das Handeln von Herkunftseltern stattdesen nicht mehr unter dem normativen Diktat von entwicklungsfördernd und entwicklungsschädigend zu betrachten, kann hingegen die Handlungs- und Einflussmöglichkeiten der Pflegeeltern erweitern. Eine Alternative für Pflegepersonen besteht darin, die oben beschriebenen Strukturen von herkunftsfamilialen Sozialbeziehungen mit ihren besonderen Solidaritätsverhältnissen anzuerkennen und auf Versuche der nicht möglichen Ersetzung dieses gerahmten Systems Herkunftsfamilie zu verzichten.

Die zweite Praxis zeichnet sich dadurch aus, dass das Pflegekind sich für die Pflegefamilie entscheiden muss und eine unbedingte Loyalität gegenüber der faktischen Familie von den Pflegeeltern erwartet wird. Da die Mitglieder der Herkunftsfamilie aber lebenslang miteinander verbunden sind, könnte eine eindeutige Festlegung des Kindes zugunsten der Pflegeeltern für das Kind den Bruch mit der Ursprungsfamilie bedeuten. Für die Pflegeeltern wäre zwar der Konflikt mit dem Herkunftsmilieu des Kindes vorübergehend stillgelegt, aber nicht aufgehoben. Das hängt mit generativen Verstrickungen, Bindungen (vgl. z. B. Boszormenyi-Nagyi 2001; Imber-Black 2000) und Idealisierungsprozessen (vgl. z. B. Frommknecht-Hitzler 1994, 30 ff.) des Pflegekindes in Bezug auf seine Herkunftsfamilie zusammen.[5] Wenn z. B. das Pflegekind auf keine persönlichen Erfahrungen mit seinen Eltern zurückgreifen kann oder zumindest durch Dokumente, Geschichten, Erinnerungen, Bilder u. ä. von seinen Herkunftseltern erfahren hat, dann steigt die Wahrscheinlichkeit, dass den leiblichen Eltern besondere Fähigkeiten und Leistungen in der Phantasie zugeschrieben werden. Dieser Prozess der Idealisierung wird vorzugsweise in solchen Lebenssituationen vom Kind praktiziert, wenn seine Pflegeeltern erhöhte Anforderungen stellen und von ihm einfordern.

Eine andere Folge wird bei unserer eigenen Studie bei der Rekonstruktion der Biographie von Dieter Werner deutlich, nämlich eine verspätete Ablösung von beiden Familiensystemen in Folge einer ausschließenden Bindung an Pflegeeltern (Dieter Werner beginnt erst im 32. Lebensjahr sich von seinen beiden Familien abzulösen, vgl. Gehres/Hildenbrand 2008, 39-50).

## *Der sozialisatorische Einfluss von Milieus in Pflegefamilien*

Im Sozialraum der Pflegeeltern, insbesondere im erweiterten, außerfamiliären sozialen Umfeld können Potentiale für Alternativerfahrungen in unserem Material benannt werden. Bei der „Milieupflege" (vgl. Gehres/Hildenbrand 2008; Gehres 2005, 265 ff.) geht es um die zusätzlichen, nicht von der Triade unmittelbar abhängigen Leistungen des rahmenden Systems Pflegefamilie. In allen unseren Fallrekonstruktionen können die Sozialisation fördernden Effekte durch eine moderne, reduzierte Variante des Konzepts des „Ganzen Hauses" (Otto Brunner, vgl. z. B. Brunner 1959; Brunner 1968) von Otto Brunner nachgewiesen werden. Mit diesen Konzept beschreibt Brunner die Strukturen und das Leben auf großbäuerlichen und landadeligen Höfen im ausgehenden Mittelalter (ca. 17./18. Jahrhunderts). Alle Lebensbereiche: Soziales Zusammenleben, einschließlich rechtlicher Belange, Produktion, Reproduktion, Freizeit und Versorgung aller Bewohner (dazu gehörten neben dem besitzenden Ehepaar, alle unverheirateten Verwandten, Bediensteten, Kinder, Alte) erfolgten im Lebenszusammenhang des Hofes. Für unseren Kontext, das zeitweise Aufwachsen von Kindern und Jugendlichen in Pflegeverhältnissen, ist das Konzept insofern interessant, als durch den erweiterten sozialen Kontext, d. h. durch Lebensbereiche, die nicht die Beziehung zum Pflegeelternpaar direkt betreffen, wichtige sozialisationsfördernde Wirkungen auf die Pflegekinder ausgegangen sind. Das betrifft im Einzelnen:

---

5 In der familientherapeutischen und psychoanalytischen Forschung sind diese Phänomene schon relativ lange bekannt und erforscht.

- Das Aufwachsen von Dieter Werner auf dem Bauernhof seiner Pflegeeltern Pauly/Hoffmann zusammen mit den leiblichen Söhnen der Pflegemutter.
- Die Erfahrungen von Christoph Wilhelm und Lukas Lohe während ihrer Adoleszenz bis zu Volljährigkeit in einer Erziehungsstelle bei der fachlich informierten Pflegefamilie Strauch. Diese Familie betrieb einen relativ großen Aussiedlerhof mit vielen subsistenzwirtschaftlichen Anteilen. Alle auf dem Hof lebenden Pflegekinder waren in den Betrieb des Hofes mit Land- und Viehwirtschaft sowie Pferdezucht eingebunden.
- Der Stellenwert des Kirchenmilieus für die weitere biographische Entwicklung bei Pia Altdorf ab ihrem 15. Lebensjahr und ihres älteren Bruders Jakob ab seinem 11. Lebensjahr in der Pfarrersfamilie Steinbach. Dort nahmen sie nicht nur am Gemeindeleben teil (z. B. fungierte Pia zeitweise als „Teambetreuerin" im Rahmen des Konfirmandenunterrichts ihrer Pflegemutter), sondern hatten auch die Möglichkeit Autonomiespielräume insofern auszuprobieren, dass sie mit familienfremden Gleichaltrigen auch in Form einer Wohngemeinschaft im Pfarrhaus zusammenleben durfte.
- Die Sozialisation von Gabriele Schubert seit der frühen Kindheit (ab dem 3. Lebensjahr) im Rahmen einer Familienstruktur, die Bertram als „multilokale Mehrgenerationenfamilie" (Bertram 2003) beschreibt. Im Falle von Gabriele Schubert bilden ihre allein lebende Herkunftsmutter und die Pflegefamilie Babeck die beiden Familien, die am gleichen Wohnort (einer Stadt mit ca. 20.000 Einwohnern) leben, aber in unterschiedlichen Stadtteilen und getrennten Haushalten wohnen. Für den Sozialisationsprozess von Gabriele sind beide Familiensysteme wichtig; in der Adoleszenz pendelt sie auch räumlich zwischen diesen beiden Milieus.

Das Leben auf einem Bauernhof und die Ausrichtung vieler alltäglicher Lebenspraxen an dieser Produktions- und Lebensweise bedeutet z. B. für die in solch einem rahmenden System lebenden Pflegekinder, dass auch ihr Tagesablauf und ihre Alltagsstruktur in erheblichem Maße von den Anforderungen und Notwendigkeiten dieser Lebensweise geprägt werden. Diese Erfahrungen entfalten sozialisatorische Wirkungen durch ihre nicht pädagogische Struktur, d. h. Initiator der Regeln und Pflichten sind nicht die Pflegeeltern als zuständige Bezugspersonen, sondern die Zwänge der Alltagsbewältigung. Häufig werden diese milieuspezifischen Effekte noch durch die sozialräumliche Distanz gegenüber dem näheren sozialen Umfeld verstärkt, wenn z. B. das Haus der Pflegepersonen als Aussiedlerhof angelegt ist.[6]

---

6 Diese sozialräumliche Abgeschiedenheit kann auch, wie dies in der Heimerziehung in der Nachkriegszeit häufig geschehen ist, dazu verwendet werden, Autonomiespielräume der dort lebenden Personen einzuschränken, indem aus diesen Orten „totale

Schichtspezifische Freizeitaktivitäten können ebenso zum Gelingen und Misslingen des Pflegeverhältnisses beitragen (z. B. das jahrlange Reiten als Hobby bei Gabriele Schubert und die regelmäßigen ausgedehnten Reisen zusammen mit den Pflegeeltern und der gleichaltrigen Adoptivtochter der Familie). Da die meisten Pflegefamilien heutzutage – sozialstrukturell betrachtet – der Mittelschicht zugerechnet werden müssen (vgl. z. B. Blandow 2004, 129 ff.), sind Pflegekinder, die ebenso häufig aus der Unterschicht bzw. aus Multiproblemfamilien stammen (vgl. z. B. Blandow 2004, 123 ff.; Minuchin, Colapinto/Minuchin 2000), mit zwei ganz unterschiedlichen Sozialisationsmilieus konfrontiert. In diesen unterschiedlichen Milieus können – wie eben beschrieben – Potentiale für die Förderung sozialisatorischer Prozesse liegen, aber auch Beeinträchtigungen oder Abbrüche forciert werden, insbesondere dann, wenn Pflegeeltern sich nicht gegenüber dem Herkunftsmilieu ihrer Pflegekinder und den dort gelebten Werten, Normen, Orientierungen, Praktiken und familiären Kohäsionsmustern öffnen können, indem sie Verständnis und Toleranz dafür aufbringen.

## *Die Problematik exklusiver Loyalität*

Die Auseinandersetzung mit der biographischen Herkunft ist ein häufig beschriebenes empirisches Phänomen, die Pflege- und Adoptivkinder gleichermaßen betreffen (vgl. z. B. Cameron 2002; Swientek 2001). In der von der Psychoanalyse beeinflussten Entwicklungspsychologie und Pädagogik gilt sie als eine zentrale Entwicklungsaufgabe während der Adoleszenz im Übergang zum Erwachsenenstatus (vgl. z. B. Erikson 2002; Müller 2011, 74 ff.). Darüber hinaus zeigen Forschungen in der Tradition des Symbolischen Interaktionismus (vgl. zur Übersicht z. B. Keller 2012; für die Identitätsbildung z. B. Strauss 1959; Goffman 1996), dass die Herstellung von Identität als Balanceakt gedacht werden muss. „Nicht Inhalte machen diese Identität aus, sondern bestimmt wird sie durch die Art, das Verschiedenartige, Widersprüchliche und Sich-Verändernde wahrzunehmen, es mit Sinn zu füllen und zusammenzuhalten. Da Menschen im Laufe ihres Lebens in neue Situationen geraten, müssen sie Balancen immer wieder neu tarieren“ (Krappmann, 1997, 81). Um einen kohärenten Identitätsentwurf in unserer Kultur der tendenziellen „De-Institutionalisierung des Lebenslaufregimes“ (Kohli, 1988, 42 ff.) entwickeln zu können, bedürfen junge Erwachsene der Aufarbeitung ihrer biographischen Geschichte, die zuweilen bereits vor dem Akt der Zeugung beginnt, wenn familiäre Muster intergenerationell tradiert werden. Die Fami-

---

Institutionen“ im Sinne Goffmans (1981) werden (vgl. auch den Forschungsbericht von Gehres 2016b).

lie gilt deshalb als die zentrale Sozialisationsinstanz, weil hier am ehesten die Grundlagen von Sozialität ausgebildet werden können (vgl. z. B. auch Gehres 2014). Die Abstammung der Pflegekinder und ihre lebenslange Verbundenheit mit ihrer Herkunftsfamilie implizieren die Notwendigkeit einer zumindest periodisch auftretenden Auseinandersetzung mit dem eigenen Herkunftskontext. Daher gewinnt das Identitätsfeld Herkunftsfamilienkontext u. a. seine Attraktivität für Pflegekinder, wenngleich die damit verbundenen Erinnerungen, Geschichten und Ereignisse ihnen häufig ein hohes Maß an Ambiguitätstoleranz abverlangen.

Wenn die Unterbringung in einer Pflegefamilie gegen den Willen der Herkunftsfamilie z. B. in Folge eines Sorgerechtsentzugs stattgefunden hat und diese Ursprungsfamilie exklusive Ansprüche stellt, dann kann diese Haltung dazu führen, dass das Pflegekind den auftretenden Loyalitäts- und Zugehörigkeitskonflikt zugunsten seiner Ursprungsfamilie löst und das Pflegeverhältnis vorzeitig beendet wird. Die besonderen Bindungen zu den jeweiligen Herkunftsfamilien, zuweilen Verstrickungen, sind immer wieder auch in Genogrammanalysen sowie in Forschungen über die Kinder- und Jugendhilfe ein zentrales Thema (vgl. z. B. Gehres 2007, 59 ff.).

Ein Beispiel aus der gemeinsamen mit Bruno Hildenbrand verfassten Studie über die Sozialisation von Pflegekindern macht dies exemplarisch deutlich. Es handelt sich um eine 15-jährige junge Frau, die bereits seit ihrem 10. Lebensjahr in der fachlich informierten Pflegefamilie Strauch untergebracht war. Der Pflegevater ist Psychologe und verfügt über eine psychotherapeutische Zusatzausbildung. Er arbeitete viele Jahre in der Heimziehung, ebenso wie seine Frau, eine ausgebildete Erzieherin. In dieser Familie, organisiert als eine Erziehungsstelle, lebten neben den Pflegeeltern auch noch andere Pflegekinder auf einem Bauernhof[7]. Die Jugendliche hat sich nach Anfangsschwierigkeiten sowohl in sozialer, als auch schulischer Hinsicht integriert. Das besondere Milieu des Bauernhofes hat dazu beigetragen, gegenüber ihrem Herkunftsmilieu andere Sozialisationserfahrungen zu machen und ihre zum Zeitpunkt der Aufnahme in die Pflegefamilie bestehende problematische Schulsituation zu ändern. In ihrem 15. Lebensjahr wurden die Elternkontakte auf ihren Wunsch hin intensiviert, vor allem zu ihrem Vater, der von ihrer Mutter getrennt lebte. An Wochenenden besuchte sie ihren Vater und entwickelte den Wunsch, zu ihm zu ziehen und fortan bei ihm zu leben. Ihr Vater hätte sie auch gerne aufgenommen, aber die Jugendhilfebehörde und die Pflegeeltern waren aus mehreren Gründen dagegen (u. a. wegen der Befürchtung, er könnte sexuell übergriffig werden). Daraufhin entstand das Bedürfnis der Jugendlichen zu ihrer Mutter zurückzukeh-

[7] Zum Beispiel Christoph Wilhelm und Lukas Lohe, deren Biographien im Rahmen der DFG-Projekte rekonstruiert wurden (vgl. Gehres/Hildenbrand 2008, 80-100).

ren. Die Jugendhilfebehörde war einverstanden, nur die Pflegeeltern wehrten sich letztlich erfolglos gegen diesen Wunsch. Daraufhin nahm die Mutter sie wieder auf. Die Pflegeeltern konnten sich zu diesem Zeitpunkt diese Entwicklung der jungen Frau, die mit der Rückkehr in die Herkunftsfamilie bzw. präziser in den Ein-Personen-Haushalt der Mutter endete, nicht erklären. Zwei Jahre später erfuhr der Pflegevater, dass die besagte junge Frau noch im gleichen Jahr der Rückkehr ein Kind bekommen hatte (sie war damals 15 Jahre alt). Nach weiteren Recherchen, auch mit Unterstützung der Jugendhilfebehörde, konnte er herausfinden, dass Schwangerschaft im 15. Lebensjahr in dieser Familie seit der Großelterngeneration bei allen weiblichen Mitgliedern auftritt. Ebenso wie ihre Mutter, Großmutter und alle anderen weiblichen Mitglieder der Herkunftsfamilie symbolisiert die Schwangerschaft im 15. Lebensjahr in diesem Familienmilieu den Übergang vom Jugendlichen zum Erwachsenen. Man kann diese familiale Praxis: Schwangerschaft und Geburt des ersten Kindes im 15. Lebensjahr als das zentrale Aufnahmekriterium in den Erwachsenenstatus der weiblichen Familienmitglieder interpretieren. Aus der Situation der betroffenen Frauen symbolisiert diese Schwangerschaft und Geburt in der adoleszenten Lebensphase ein Initiationsritus zur Aufnahme in die Welt der Erwachsenen und vollen Zugehörigkeit. Im Sinne von van Gennep (2005, 70 ff.) handelt es ich hier um eine Variante eines modernen familienspezifischen Übergangsritus. An dieser Stelle wird auch deutlich, wie wichtig die Erhebung von Genogrammdaten und die Gengrammanalyse (z. B. Hildenbrand 2007) im Rahmen fallrekonstruktiver Analysen ist, weil damit der sozialstrukturelle Rahmen und damit objektive lebensgeschichtliche Bedingungen eher erkannt werden können, die die milieuspezifische Folie für die Ontogenese bilden.

## *Biographische Krisen von Pflegepersonen als Chance*

Die letzte pflegefamiliale Praxis, die in unserer Forschung von Bedeutung ist, betrifft biographische Erfahrungen von Pflegeeltern mit nicht-normativen Krisen.[8] Darunter werden Lebensereignisse verstanden, die im Rahmen le-

8 Gehres (2015) setzt sich ausführlicher mit der Besonderheit biographischer Krisen auseinander, die prinzipiell Entwicklungen abschneiden. Entscheidend ist aber, wie die betroffenen Personen und ihr unmittelbares soziales Umfeld damit umgehen. Biographische Krisen haben die Eigenschaft, dass sie immer mindestens zwei Optionen ermöglichen, bzw. den Ausgangspunkt von zwei Entwicklungssträngen verkörpern: Zum einen kann es zu einem dynamisch verlaufenden Zusammenbruch von Orientierung- und Handlungsfähigkeiten der davon betroffenen Personen kommen. Zum anderen ist aber auch das Gegenteil möglich, nämlich eine biographische Neuorientierung und Ausrichtung an neuen Zielen im Anschluss an den Zusammenbruch.

bensgeschichtlicher Entwicklungen nicht vorhersehbar[9] sind und die davon Betroffene in Bezug auf ihre Orientierungs- und Handlungsfähigkeit vor zunächst nicht bewältigbare Aufgaben stellen (z. B. ein Unfall, der frühe Tod eines Elternteils, aber auch kollektive Erfahrungen wie Kriegsereignisse, Flucht und Vertreibung gehören hierzu). Erikson (z. B. 2002) unterscheidet acht verschiedene ontogenetische Krisen, die alle Menschen im Leben bewältigen müssen. Im Zusammenhang mit der Resilienzforschung (zur soziologischen Bedeutung vgl. z. B. Hildenbrand 2006, 20-27 und 205-211; Elder 1998) und krisenpädagogischen Konzepten (vgl. z. B. Friedenthal-Haase 1991) werden die Chancen von biographischen Krisen für die Persönlichkeitsentwicklung hervorgehoben. Krisen seien z. B. für Buber, so Friedenthal-Haase 1991, gleichzeitig autonomieeinschränkend und autonomieerweiternd. Einschränkend insofern, dass eine biographische Entwicklung zu einer Grenzerfahrung geführt hat und die bisherige Lebens- und Handlungspraxis nicht mehr fortgeführt werden kann. Autonomiefördernd insofern als mit der Grenzerfahrung zugleich die Möglichkeit besteht, andere biographische Orientierungen, Handlungsweisen und Lebenspraxen zu entwickeln. Auch Pflegeeltern erfahren in ihrer Biographie biographische Krisen und haben Erfahrungen mit deren Bewältigung gesammelt. Sie werden im Sinne Schützes als subjektiver Wissensvorrat im individuellen biographischen Gedächtnis gespeichert (vgl. z. B. Schütz 1971; Berger/Luckmann 2003 und das folgende Kapitel über „wissenssoziologische Zusammenhänge").

In unseren Fallrekonstruktionen zeigen sich bei Pflegeelternteilen sowohl kollektive Erfahrungen, die aus ihrer generativen Einbettung herrühren (z. B. die Zeit des Nationalsozialismus) als auch familienbezogene Erfahrungen (z. B. die Weitergabe von latenten Botschaften, Aufträgen im Sinne Stierlins 1980) oder familienspezifische Lebensmaxime. Diese Faktoren können den Zugang zu den besonderen Lebensbedingungen und Erfahrungen von Pflegekindern erleichtern, verstellen oder zu anderen Entwicklungen führen, über die bisher noch nichts bekannt ist. In den Familiengeschichten der Pflegefamilien Babeck und Hoffmann finden sich generative Verstrickungen von Generationsangehörigen während der Zeit des Nationalsozialismus. Die jeweiligen Väter waren in unterschiedlichen Zusammenhängen für das NS-Regime tätig (der Vater von Herrn Babeck war wegen Kriegsverbrechen 15 Jahre in Haft; Herr Babeck lernte seinen Vater erst im 13. Lebensjahr ken-

---

9 Oevermann (2004) unterscheidet vier ontogenetische Krisen, die alle Menschen im Laufe ihrer Biographie bewältigen müssen. Es handelt sich um die Krise der Geburt als Ablösung von der leiblichen Verbundenheit mit der Mutter; die Krise der Ablösung von der Mutter-Kind-Symbiose; die ödipale Krise als Erfahrung der Zurückweisung vom gegengeschlechtlichen Elternteil und der Identifikation mit dem gleichgeschlechtlichen Elternteil sowie die Krise der Adoleszenz als Ablösung von der Herkunftsfamilie.

nen; der Vater von Herr Hoffmann war in einem Konzentrationslager als Aufseher beschäftigt und nicht inhaftiert). In der Analyse finden sich Hinweise auf latente Motive der Sühne zur Tilgung von familialer Schuld bei den Pflegevätern als Mitglieder der nachfolgenden Generation.

Das eigene Erleben von Brüchen während der eigenen Sozialisationsgeschichte zwingt Pflegeeltern dazu, sich biographisch neu zu orientieren. Diese Erfahrung kann für die Gestaltung einer längerfristigen Pflegefamilienbeziehung insofern sehr wichtig sein, weil die Pflegeeltern in diesem Falle das Pflegekind und seine Lebenssituation differenzierter wahrnehmen und begleiten können. Das Verständnis für die Anfangsschwierigkeiten einer Pflegebeziehung ist tendenziell größer, wenn Pflegeeltern über eigene, auch affektive Erfahrungen in solchen Lebensphasen verfügen (vgl. z. B. Gehres 2005).

Eine ähnliche Bedeutung kann auch milieuspezifischen normativen Orientierungen zugeschrieben werden, die Pflegeeltern in ihrer eigenen Herkunftsfamilie erlebt haben und ihre eigene Entwicklung maßgeblich geprägt haben. So schafft z. B. der von einem Pflegeelternteil in der eigenen Sozialisationsgeschichte erfahrene laisez-faire-Erziehungsgrundsatz „im Zweifel wird es gut gehen, weil Kinder Selbstlernpotentiale haben“ (z. B. Pflegemutter Steinbach) oder die selbst erlebte soziale Wertschätzung von Kindern als zentrale Glieder gesellschaftlicher Strukturen („Kinder sind das Wichtigste, ihre Interesse und Bedürfnisse sind gegenüber denjenigen von Erwachsenen vorrangig“, z. B. Pflegevater Strauch) eine zentrale Grundlage der Gestaltung des eigenen Pflegeverhältnisses.

Es kann zusammenfassend festgehalten werden, dass die Gründe für die vorzeitige Aufkündigung von Pflegeverhältnissen sehr vielschichtig sein können. Daher kann z. B. eine schnelle Beendigung des Pflegeverhältnisses bei einem hohen Grad an exklusiven Ansprüchen beider Elternsysteme als eine Befreiung vom Kind erlebt werden, weil sich damit seine Zugehörigkeits- und Loyalitätskonflikte vermindern. Es lassen sich daher heuristische Prinzipien formulieren, die am ehesten garantieren, dass Pflegefamilien in ihrer Sozialisationspraxis ein alternatives Sozialisationsmodell für Pflegekinder entwickeln können. An erster Stelle ist hier die Minimierung der Rivalität zwischen den beiden Familiensystemen zu nennen. Die besten Voraussetzungen für das Gelingen von Pflegeverhältnissen sind dann gegeben, wenn die beiden Familiensysteme sich habituell öffnen und eine Kooperation anstreben, bzw. keine exklusiven Ansprüche gegenüber dem Kind erheben (ein bisher in Deutschland seltenes Beispiel für das Gelingen dieser wechselseitigen sozialen Anerkennung wird bei Kröper/Köhler/Gehres 2017 erörtert). Kooperation bedeutet nicht, dass es unbedingt zu regelmäßigen persönlichen Begegnungen kommen muss. Wesentlicher ist die wechselseitige Aufgeschlossenheit als habituelle Folie und der Respekt zwischen den rahmenden und gerahmten Familiensystemen. Für die Pflegefamilie als rahmendem System und damit als Initiator alternativer Sozialisationspraxis erweist sich eine gegenüber dem Herkunftsmilieu aufgeschlossene Grundeinstellung langfristig günstiger für den Sozialisationsverlauf als eine konfrontative Haltung. Pflegeeltern können nicht die besseren Eltern sein. Vielmehr sind sie zentrale Bezugspersonen, die jenseits des Anspruchs, Eltern für das Kind zu sein, relevante sozialisatorische Beiträge zur Sozialisation, Autonomiebildung und zum Gelingen beizutragen imstande sind. Dazu entwickeln sie in der Alltagspraxis eine „unbedingte Solidarität bis auf Weiteres". Man kann es auch anders formulieren: Wenn Pflegeeltern oder Pflegeelternteile versuchen die Eltern des Pflegekindes zu ersetzen (was strukturell nicht möglich ist), dann besteht die Gefahr, dass beim Kind Zugehörigkeits- und Loyalitätskonflikte intensiviert werden. Dann werden Prozesse aktiviert, die dazu führen können, dass das Kind letztlich das alternative Sozialisationsangebot der Pflegefamilie ablehnen muss, um nicht die affektive und unbedingte Solidarität seiner Herkunftsfamilie dauerhaft zu verlieren. Pflegefamilien können die Widerstandskräfte (Resilienz) bei ihrem Pflegekind dann am besten stärken, wenn sie dem Kind die möglichst breite Nutzung seiner persönlichen und sozialen Ressourcen ermöglichen. Dazu gehören aber auch der Herkunftskontext, das erweiterte soziale Umfeld bzw. die vielfältigen Milieus, in denen sich Kinder und Jugendliche bewegen.

# Wissenssoziologische Zusammenhänge – Die Bedeutung unterschiedlicher Wissens- und Handlungsformen

Neben dem Status der Sozialbeziehungen in Pflegefamilien steht auch das „fachliche" bzw. erzieherische Handeln der Pflegeeltern unter dem Als-Ob-Vorbehalt und bildet damit eine paradoxe Situation. Einerseits fußt der öffentliche Erziehungsauftrag, erteilt durch die Jugendhilfebehörde, auf einer beruflichen Beziehungsstruktur in Form eines Hilfevertrages, andererseits haben die Pflegeeltern die zentrale Aufgabe, ihre Sozialbeziehungen gegenüber dem Pflegekind in ihrer alltäglichen Lebenswelt weitgehend autonom in einem familienähnlichen Modus und damit diffusem Beziehungsmilieu zu entwickeln. Zum einen folgen aus dem Pflegevertrag:

- Rechte (z. B. ein Anspruch von Pflegeeltern auf fachliche Beratung und Begleitung bei Krisen während des Pflegeverhältnisses)
- Pflichten (z. B. die Erwartung an Pflegeeltern, reflektiert und damit auch selbstkritisch mit dem eigenen Handeln umzugehen, oder das Kooperationsgebot mit den Herkunftseltern)
- Finanzielle Gratifikationen für die Pflegeeltern, aber auch Kontrollen durch die hoheitliche Jugendhilfebehörde

Zum anderen werden auf der Grundlage des Hilfeauftrages Pflegeeltern und Pflegefamilien erhebliche sozialisatorische Variationsmöglichkeiten für die Gestaltung ihrer familialen Praxis eingeräumt. Mehr noch, es wird erwartet, dass die Pflegeeltern ihr Handeln im Sinne des von Hermann Nohl Anfang des 20. Jahrhunderts entwickelten Konzepts des pädagogischen Bezugs (vgl. z. B. Nohl 1957, aktuell Blaha u. a. 2013) ausrichten. Das bedeutet den Aufbau einer Beziehung, die sich durch eine intensive, uneigennützige, geistig „leidenschaftliche" Hinwendung zum sich entwickelnden Kind auszeichnet. Die pflegefamilialen Aktivitäten sollen der allseitigen Förderung der dem Kind zugeschriebenen intrinsischen Potentiale und Möglichkeiten dienen (vgl. z. B. auch Giesecke 1997, 217 ff.). Dieses Konzept von Nohl fokussiert auf die unmittelbaren face-to-face-Beziehungen im generationalen Mikrobereich und blendet die strukturellen Rahmenbedingungen von Erziehungsprozessen wie z. B. soziale Schichtung, sozioökonomischer Status und bezogen auf Pflegeverhältnisse die geteilte Elternschaft, Konstitutionsbedingungen, Milieuunterschiede und daraus sich ergebende Folgen für den Identitätsbildungsprozess aus.

Mit diesem Erziehungsauftrag an die Pflegeeltern wird der Autonomiebegriff, der in den Erziehungsvorstellungen in der Erziehungswissenschaft auf das Kind und seine Erziehung bezogen ist und damit auf das sich sozialisierende durch erzieherische Intervention der Pflegepersonen angeleitete Pflegekind zielt, auch auf die Pflegeeltern selbst übertragen. Sie sollen mit ihrer ganzen Persönlichkeit ein personales Modell einer erwachsenen signifikanten Bezugsperson, eine Elternfigur verkörpern. Den ausgesprochen oder unausgesprochenen Kontrastfall bilden immer die Herkunftseltern oder andere bis zur Fremdunterbringung zuständige primäre Bezugspersonen des Kindes. Erst durch diese Differenzerwartung erwerben quasi die Pflegeeltern im Laufe eines längeren Prozesses, idealerweise den Status von signifikanten Bezugspersonen für das Pflegekind. Diesen alternativen sozialisatorischen und erzieherischen Einfluss konnten Pflegeeltern in unseren Rekonstruktionen, vor allem in ihrer triadischen sozialisatorischen Interaktion, in der Gestaltung der Familiengrenzen gegenüber anderen Institutionen und in der affektiven Rahmung ihrer Sozialbeziehungen erreichen. Bei diesen Prozessen bilden vor allem lebensweltliches Wissen und aus sozialen Situationen heraus kreierte Handlungs- und Erziehungspraktiken die zentralen Grundlagen für die Sozialisation und Erziehung in der Pflegefamilie. Das Wissen der Pflegeeltern, ihre eigene Sozialisationsgeschichte, ihre Erfahrungen mit Erziehungsprozessen bilden vor der Aufnahme des Pflegeverhältnisses die Basis ihres Denkens und Handelns.

Mit der Bewerbung um eine potentielle Pflegeelternschaft werden diese primär lebensweltlichen Wissensbestände überlagert durch Wissensinhalte, die bei dieser Vorbereitung von Fachdiensten der Jugendämter oder Freien Trägern vermittelt werden. Trotzdem bilden die Pflegeeltern als Personen das wichtigste Medium der Fachlichkeit.

Vor diesem Hintergrund kann eine weitere Paradoxie pflegefamilialen Handelns formuliert werden, nämlich die – im Vergleich zu leiblich konstituierten Familien – noch geringere intergenerative Strukturierungsmöglichkeit von Erziehungs- und Sozialisationsprozessen. Wie Familien sind auch Pflegefamilien Einflüssen gesellschaftlicher Institutionen, zuweilen auch fürsorglichen Belagerungen (vgl. z. B. Lasch 1981; Illouz 2009; Unverzagt 2010; Großkopf/Winkler 2015), aus allen gesellschaftlichen Strukturebenen (Makro-, Meso- und Mikrobereich) ausgesetzt. Die Erscheinungsweisen dieser Einflüsse sind dabei sehr unterschiedlich und kommen z. B. in Form von familienpolitischen Bestrebungen, öffentlichen Diskussionen und Diskursen, präventiven Maßnahmen im Zusammenhang mit dem Kinderschutz sowie von Bildungsinstitutionen wie Kindergärten und Schulen vor (vgl. aktuell z. B. Bütow u. a. 2014; Großkopf/Winkler 2015). Bei Pflegefamilien spielen dagegen noch weitere Institutionen eine wichtige Rolle. Pflegeeltern sind konfrontiert mit Ansprüchen und Erwartungen von Herkunftsfamilien, Jugendämtern, ggf. Freien Trägern bis hin zu kollektiven Vorstellungen über Erziehungspraxen und deren Wandel. Auf Grund all dieser genannten Faktoren kann der intendierte erzieherische Einfluss sich ganz anders als geplant entwickeln und erweist sich daher als nur bedingt strukturierbar. Daher ist die Entwicklung einer hohen Ambiguitätstoleranz nicht nur ein Erziehungsziel für die Kinder, sondern auch eine Erziehungsnotwendigkeit für die Pflegeeltern. Im Kern besteht die zentrale Aufgabe für die fachliche Begleitung von Pflegeverhältnissen darin, eine professionell informierte Entprofessionalisierung zu betreiben, um die für die Alltagsgestaltung in der Pflegefamilie notwendigen kreativen Potentiale lebensweltlichen Wissens und Erfahrungen von Pflegeeltern zu erhalten und für ihre Handlungspraxis nutzbar zu machen. In diesem Zusammenhang ist es sinnvoll, auf die grundsätzlichen Unterschiede von Wissensformen und Handlungspraxen hinzuweisen.

## *Unterschiede zwischen lebensweltlichem, wissenschaftlichem und professionellem Wissen*

Das Verhältnis des Alltagswissens gegenüber den anderen Wissensarten, das ja für den Sozialisationsprozess der Kinder so zentral ist und bei den Eltern im Vordergrund steht, wird bei den Herkunftseltern und vor allem bei den Pflegeeltern gebrochen durch professionelle Intervention. Zum Beispiel durch Supervisionen und Beratungen in Jugendhilfebehörden oder bei Freien Trägern, die das Pflegeverhältnis begleiten. Diese Interventionen folgen einer Eigenrationalität, die sowohl juristisch als auch fachlich kodiert ist. Diese fachlichen Kodierungen werden wiederum überlagert durch zum einen wissenschaftliche Theorien und zum anderen mehr noch durch popularisierte wissenschaftliche Konzepte, die von den Eltern zur Kenntnis genommen werden. Diese Konfrontation der Pflegeeltern mit unterschiedlich strukturiertem Wissen kann dazu führen, dass die Nicht-Infragestellung des selbstverständlichen Alltagswissens verloren gehen kann. Diese Auseinandersetzung mit diesen anderen Wissensarten findet vor allem im Zusammenhang mit Vorbereitungskursen, Beratungen, Supervisionen u. ä. von Fachkräften von Jugendhilfebehörden, ggf. Freien Trägern statt. Gleich zu Beginn, noch bevor es zur Konstitution des Pflegeverhältnisses kommt, werden häufig die potentiellen Pflegeeltern mit wissenschaftlichem Wissen über z. B. Bindungen, Beziehungsaufbau, Entwicklungspsychologie, rechtliche Vorgaben im Rahmen von Vorbereitungsseminaren und Pflegeelternschulungen konfrontiert. Es besteht die Gefahr, dass diese Wissensbestände lebensweltliche Orientierungen, situative und spontane Handlungsfähigkeit von Pflegeeltern beeinträchtigen oder gar untergraben. Vor diesem Hintergrund erklärt sich die Bedeutung der Diskussion der Zusammenhänge und

Konzepte zwischen lebensweltlichem, wissenschaftlichem und professionellem Wissen und Handeln.

Alfred Schütz' (1971) Unterscheidung zwischen alltäglichem Wissen und Handeln, bzw. wissenschaftlichen Wissensbeständen und Handlungspraxen ist als heuristische Folie auch im Zusammenhang mit der Situation von Pflegeeltern aufschlussreich. Denn Pflegeeltern sind gezwungen sich sowohl vor Beginn ihrer Tätigkeit mit der Problematik der mittlerweile weit verbreiteten fachlichen Vorbereitung und Begleitung als auch bei der alltäglichen Gestaltung ihres Zusammenlebens, in ihrem performativen Handeln, mit unterschiedlich strukturiertem Wissen über Entwicklung, Erziehung, Beziehungsgestaltung usw. auseinanderzusetzen. Das Ausloten von Sozialisations- und Erziehungsmöglichkeiten von Pflegeeltern und Professionellen vollzieht sich vor dem Hintergrund sozialer Strukturen, deren Wandel, kollektiven Normen und Werten, lebensweltlichen, religiösen und wissenschaftlichen Wissensbeständen und sozialen Handlungspraktiken. Eine Auseinandersetzung mit dieser Thematik kann insofern lehrreich sein, als zum einen die paradoxe Situation von Pflegeeltern in Bezug auf ihre Wissens- und Handlungsgrundlagen deutlich werden und zum anderen weil Wissensbestände und Handlungspraxen von Pflegeeltern unter einer anderen Perspektive betrachtet werden können. Um die Bedeutung des Spannungsverhältnisses zwischen den drei verschiedenen Wissensarten und Handlungsformen darzustellen, knüpfe ich hier an den grundlegenden Überlegungen von Alfred Schütz an[1], der diese Unterscheidungen zum ersten Mal systematisch für die sozialwissenschaftliche Diskussion formuliert hat.

## *Alfred Schütz' Grundlegung zum lebensweltlichem Wissen – Konstruktionen ersten Grades*

Fragen nach dem Stellenwert von Wissen in Handlungssituationen, überhaupt die Bedeutung von Wissen sowohl für die Erklärung von sozialer Wirklichkeit, dem Verhältnis zur Welt als auch für deren Beitrag zur Gestaltung von Lebenspraxis sowie dem Zusammenleben von Menschen werden seit der Antike immer wieder primär im Rahmen der Philosophie und seit dem 19. Jahrhundert auch in der Soziologie vermehrt diskutiert. Knoblauch (2005) sieht in Emile Durkheim (1858-1917) und seiner „soziologischen Theorie des Wissens" (Knoblauch 2005, 66) einen wichtigen Begründer der modernen Wissenssoziologie. Die Quellen des Wissens und Denkens wer-

[1] Es gibt zu diesen Unterscheidungen eine weitergehende Diskussion im Rahmen von umfangreichen wissenssoziologischen Diskursen, auf die ich aber an dieser Stelle nicht weiter eingehe (vgl. hierzu z. B. Knoblauch 2005; Reckwitz 2006; Keller/Reichertz/Knoblauch 2013).

den von Durkheim im Kollektiv, den gesellschaftlichen Institutionen und deren Strukturen, allen voran der Religion, verortet. Das Wissen des Einzelnen spiegelt quasi die sozialen Strukturen im Kleinen wider. Während das zentrale Thema der Forschungen von Durkheim das Gelingen der sozialen Integration vor dem Hintergrund der damals sich zuspitzenden Kluft zwischen der schwindenden Bindekraft kollektiver Deutungsmuster im Zuge der Entstehung einer arbeitsteiligen Gesellschaft und der Zunahme von Individualisierungsprozessen darstellte, wendet sich die deutsche Wissenssoziologie zu Beginn des 20. Jahrhunderts vermehrt dem Einzelnen und seinen Bewusstseinsprozessen zu. In der Auseinandersetzung und im Anschluss an den phänomenologischen Ansatz von Husserl (vgl. z. B. zur Einführung Husserl 2012; zur Vertiefung vgl. z. B. Ploder 2014) unterscheidet Alfred Schütz (1899-1959) unterschiedliche Formen des Wissens, die aus wissenssoziologischer Perspektive die grundsätzlichen Zusammenhänge und Differenzen zwischen Fachlichkeit und Alltagskompetenz verdeutlichen. Nach Schütz beziehen sich beide Wissensbereiche und Handlungsfelder (alltagsweltliche und wissenschaftliche Deutungen und Handlungspraxis) auf die „Lebenswelt" als einem unmittelbar gegebenen, konstitutiven Ort menschlicher Existenz und Erfahrung. Menschliches Denken vollzieht sich in „Konstruktionen" (Schütz 1971, 5), weil nur so die Vielfalt lebensweltlichen Wissens erkennbar und die Verständigung zwischen den Menschen möglich wird (Gleichursprünglichkeit von Erfahrung und Typik i. S. Husserls). Während nach Reckwitz (2006, 363 ff.) der frühe Schütz den Fokus seiner Analysen noch ganz auf die Prozesse des subjektiven Sinnverstehens („die Bedeutungszuschreibungen der Akteure") konzentrierte, verlagert sich die Perspektive beim späten Schütz auf die „Strukturen des Wissens, die diesen Interpretationen zugrunde liegen" (Reckwitz 2006, 398). Entsprechend denkt Schütz die Lebenswelt und die intersubjektive Verständigung zwischen den Akteuren nun mundan und nicht transzendental wie bei Husserl, d. h., Sozialität wird von ihm als „ein wesentlicher und integraler Bestandteil der alltäglichen Lebenswelt" (Lüdke 2008, 191-192) verstanden und nicht erst im Bewusstsein der einzelnen Akteure im Nachhinein quasi erschaffen.

> Die Lebenswelt des Alltags lässt sich als Welt der Praxis definieren, in der der Mensch gerade nicht lediglich als Ego cogito „denkt" (was für Schütz ja nach wie vor ein Fall des Handelns ist), sondern in dem er in erster Linie „wirkt"; das heißt, in die er mit Hilfe seines Leibes praktisch eingreift. Die Sinnmuster der Lebenswelt des Alltags sind solche, die dieses praktische Wirken anleiten. Ihrer Anwendung, so wird von Schütz betont, liegt somit durchgängig ein „pragmatisches Motiv" zugrunde: In der Lebenswelt des Alltags erscheint die Welt als eine Wirklichkeit, in der die Applikation von Wissensvorräten den Erfordernissen einer „Problemlösung'" folgt. Nicht die Bewusstseinsreferenz, vielmehr die Praxisbezogenheit des Wissens ist nun entscheidend" (Reckwitz 2006, 407-408).

Die Handlungspraxis basiert für Schütz größtenteils auf Routinen auf der Grundlage von nicht reflektiertem Gewohnheitswissen. Dieses im Laufe biographischer Entwicklungen im Alltag internalisierte praktische Wissen (in Form von Fertigkeiten, Gebrauchswissen und Rezeptwissen) wird erst dann zum Thema reflexiver Anstrengungen, wenn ein Krisenfall auftritt, d. h. wenn eine Handlungssituation vorliegt, in dem sowohl die gewohnheitsmäßige Deutung als auch das Routinehandeln nicht mehr funktionieren. „Erst in der problematischen Situation ist eine ‚ausdrückliche', bewusst vollzogene Interpretation notwendig, die damit die Routine durchbricht" (Reckwitz 2006, 409).

Die große Stärke situativen, lebensweltlichen Handelns erkennt Schütz im Prozess der wechselseitigen Verständigung, die immer wieder von den daran beteiligten Personen mit Hilfe von Typisierungen hergestellt werden müsse. Für die Typisierung sind zwei grundlegende Annahmen hinsichtlich der Verständigung zwischen den Menschen (Schütz spricht von „Idealisierungen") verantwortlich. Zum einen die „Idealisierung der Vertauschbarkeit der Standorte", d. h. mein Gegenüber würde mich weitgehend genauso wahrnehmen, wie ich ihn wahrnehme, wenn er mit mir die Position und die Perspektive tauschen würde. Zum anderen die „Idealisierung der Kongruenz der Relevanzsysteme", d. h., trotz unserer unterschiedlichen biographischen Erfahrungen (aufgeschichteten Wissensvorräte) ist eine situative Verständigung in einer „für die Praxis hinreichenden Weise" (Schütz 1971, 13) möglich. Beide Idealisierungen bilden die Grundlage für die „Generalthese der reziproken Perspektiven".

> Bei beiden handelt es sich um typisierende Konstruktionen gedanklicher Gegenstände, die sich den gedanklichen Gegenständen meiner privaten Erfahrung und der meines Mitmenschen überlagern. Infolge dieser Konstruktionen des Alltagsdenkens wird angenommen, dass der von mir als selbstverständlich hingenommene Sektor der Welt auch meinen einzelnen Mitmenschen selbstverständlich ist (Schütz 1971, 14).

Diese wechselseitigen Wahrnehmungen ermöglichen Schütz zufolge nicht die Erfassung der „individuellen Einzigartigkeit unseres Mitmenschen", aber sie ermöglichen Verständigung in interaktiven Kontexten, den Aufbau einer „Wir-Beziehung zwischen Mitmenschen", mit deren Hilfe Sozialität ermöglicht wird. Schütz erklärt diesen Sachverhalt mit dem sozialen Ursprung allen Wissens, dessen größter Teil „sozial abgeleitet, von meinen Freunden, Eltern, Lehrern und Lehrern meiner Lehrer auf mich übertragen" (Schütz 1971, 15) sei.[2] Insofern ist eine vollständige Verständigung auf Grund der

2 Ein weiterer Grund für diese Begrenzung der wechselseitigen Erkenntnis, die über die typisierende Wahrnehmung des Anderen hinausgeht, kann auch in Schütz' Verankerung in der Phänomenologie gesehen werden. Demnach muss er die intersubjektive Verständigung letztlich auf individuelle Bewusstseinsprozesse zurückführen. Eine Sozialtheorie wie z. B. der Symbolische Interaktionismus (vgl. z. B. Joas/Knöbl 2004,

angenommenen „Einzigartigkeit unserer Mitmenschen" (Schütz 1971, 20) und ihrer Lebensgeschichte nicht möglich.

Analog zur Struktur des Wissens konzeptualisiert Schütz auch den Prozess des Handelns[3] in Alltagssituationen in Form von Typisierungen. Beim Entwerfen von Handeln würden Menschen sich an der von Husserl zuerst beschriebenen Idealisierung des „Ich kann immer wieder" orientieren, d. h. dahinter steht die Annahme, dass unter ähnlichen Umständen und Bedingungen eine Handlung immer wieder erneut in ähnlicher Weise ausgeführt werden kann. Hinsichtlich der Motive unterscheidet Schütz zwei zentrale Typisierungen, nämlich das auf die Zukunft bezogene „Um-Zu-Motiv" und die auf die Vergangenheit bezogenen „Weil-Motive" des Handelns, d. h. auf Begründungen (und Rechtfertigungen). Analog zur Generalthese der Reziprozität der Perspektiven in Bezug auf die individuellen Wissensvorräte unterstellt Schütz den Akteuren in Bezug auf ihre Handlungspraxis einer „Idealisierung der Reziprozität der Motive" (Schütz 1971, 26). Das bedeutet, dass Menschen in ähnlichen Situationen aus den gleichen Motiven wie ihre Mitmenschen handeln. Es bleibt freilich immer ein Rest, denn auf Grund der von Schütz unterstellten komplexen Struktur jeder Handlungssituation haftet dem Handlungs- und Bewältigungsprozess immer etwas Unvorhergesehenes an. Das wird besonders beim „rationalen Handeln" in Alltagssituationen deutlich. Da jeder Einzelne auf Grund seines individuellen Wissensvorrates handelt und niemals eine vollständige Übereinstimmung der Wissens- und Handlungsgrundlagen -trotz der Generalthese der Reziprozität der Perspektiven – hergestellt werden kann, kann ein Handeln aus der Sicht einer Person rational sein, aber vom Gegenüber als irrational einschätzt werden. Schütz verdeutlicht diesen Sachverhalt anhand der Versuche, Wolken zum Regnen zu bewegen mit Hilfe eines Regentanzes oder durch Besprühung mit Silberjodid (Schütz 1971, 33). Je nach Perspektive des Handelnden handelt es sich um rationale Verhaltensweisen.

Nach Schütz erweist sich daher rationales Handeln im Alltag als „alltägliches Denken und Handeln in einem nicht weiter in Frage gestellten und nicht weiter bestimmten Rahmen typischer Konstruktionen (...) nämlich von Typisierungen der gegebenen Situation, der Motive, der Mittel und Zwecke, der Handlungsabläufe und Persönlichkeiten, die betroffen sind und als selbstver-

183 ff.) kann stattdessen z. B. auf die eigene Substanz interaktiver Prozesse als den individuellen Bewusstseinsprozessen gleichwertig verweisen.

3 „Der Begriff ‚Handeln' soll hier menschliches Verhalten bezeichnen, das vom Handelnden im voraus geplant ist, also ein auf einen vorgefassten Entwurf gegründetes Verhalten. Der Begriff ‚Handlung' soll das Ergebnis dieses ablaufenden Vorgangs bezeichnen, also das abgeschlossene Handeln" (Schütz 1971, 22). Jedes Handeln impliziert nach Schütz ein „Entwerfen", im Sinne eines „phantasierenden, vorstellenden Erwarten zukünftigen Verhaltens" (Schütz 1971).

ständlich hingenommen werden. Diese Konstruktionen werden jedoch nicht nur vom Handelnden als selbstverständlich hingenommen, sondern von jedem Mitmenschen wird dies ebenfalls vorausgesetzt" (Schütz 1971, 37).

### *Alfred Schütz' Grundlegung zum wissenschaftlichen Wissen – Konstruktionen zweiten Grades*

Neben dem lebensweltlichen Wissen mit seinem Teilbereich des Alltagswissens unterscheidet Schütz „Wirklichkeitsordnungen" der Religion, der Kunst, der Traum- und Phantasiewelt und vor allem der Wissenschaft. Die Unterschiede zwischen den Wissensformen werden von ihm in Bezug auf die Beschaffenheit dieser Konstruktionen und den Relevanzsystemen gesehen. Während er die Quelle für die Konstruktionen des Alltagswissens in biographisch aufgeschichteten verfügbaren Wissensvorräten sieht und diese Konstrukte zum Ergebnis einmaliger Verarbeitungsprozesse erklärt, verankert er die Grundlagen für das fachliche Wissen als „Konstruktionen zweiter Ordnung" in wissenschaftlichen Relevanzsystemen und deren rationalen Erklärungen der Lebenswelt.

Wissenschaftliche Konstruktionen als „Konstruktionen zweiten Grades" (Schütz 1971, 7) sind im Sinne der Lebensweltanalyse Schütz' rationaler und vorhersehbarer, weil sie die Komplexität der Sozialwelt reduzieren. „Es sind Konstruktionen jener Konstruktionen, die im Sozialfeld von den Handelnden gebildet werden, deren Verhalten der Wissenschaftler beobachtet und in Übereinstimmung mit den Verfahrensregeln seiner Wissenschaft zu erklären versucht" (Schütz 1971, 7). Diese Konstruktionen ersetzen nicht bloß das alltagsweltliche Denken und Handeln, sondern sie „verweisen nicht auf einzigartige Handlungen einzigartiger Individuen in einzigartigen Situationen. Der Sozialwissenschaftlicher (...) konstruiert ein Modell eines Sektors der Sozialwelt, in dem einzig die typisierten Ereignisse auftreten, die für das besondere, gerade untersuchte Problem des Wissenschaftlers relevant sind" (Schütz 1971, 41). An einer späteren Stelle des Aufsatzes differenziert Schütz das Ganze noch einmal, wenn er darauf hinweist, dass der verfügbare Wissensvorrat des Wissenschaftlers auf den „Corpus der Wissenschaft", „erfolgreich verwendete Verfahrensregeln", „Methoden seiner Wissenschaft" und „Postulaten für wissenschaftliche Modellkonstruktionen der Sozialwelt"[4] bezogen sei und ihn darauf verpflichte (vgl. Schütz 1971, 44 ff.). Diese Unterschiede führten dazu, dass letztlich lebensweltliches Wissen und Handeln nach

4 Schütz erwähnt das Postulat logischer Konsistenz, der subjektiven Interpretation und der Adäquanz (vgl. Schütz 1971, 49 ff.)

Schütz grundsätzlich anders strukturiert sind als fachliches, auf wissenschaftlichen Erkenntnissen gründendes Wissen.

Im Gegensatz hierzu unterliegt die Arbeit von Fachkräften in den Jugendhilfebehörden, bei Freien Trägern und der Beratung von Herkunfts- und Pflegefamilien den von Schütze (1997) formulierten „Paradoxien professionellen Handelns". Fritz Schütze vertritt den Standpunkt, dass professionelles Handeln in erheblichem Maße von politischen Vorgaben, Organismen, Routinen und rechtlichen Vorgaben abhängig ist. Diese Sachverhalte, so der Kern der These von Schütze, sind aber nicht bloß als Einschränkung professionellen Handelns in der Sozialen Arbeit und Sozialpädagogik zu sehen, sondern sie rahmen das professionelle Handeln und machen es quasi erst zum professionellen Handeln in diesem Bereich. Denn viele Sozialarbeiter und Sozialarbeiterinnen im Kontext öffentlich verantworteter Sozialisation sind nicht freiberuflich tätig, sondern sie handeln in hoheitlichem Auftrag. Ihre zentralen Aufgaben bestehen neben ihren Beiträgen zur stellvertretenden Problembewältigung in Bezug auf Pflegefamilien zunächst einmal – zugespitzt formuliert – darin, stellvertretend für staatliche Organe sicherzustellen, dass z. B. Pflegeeltern die ihnen anvertrauten Kinder gemäß der Kinderschutzgesetze behandeln, sie nicht missbrauchen und andere Vorgaben im Zusammenhang mit dem Hilfeplan erfüllen. Dabei geht es bei Pflegeverhältnissen nicht bloß um das alte Dilemma sozialarbeiterischen Handelns zwischen Hilfe und Kontrolle, sondern es geht um mehr, denn Pflegeverhältnisse haben auch eine Korrekturfunktion. Pflegefamilien haben den Auftrag, alternative Sozialisations- und Erziehungsprozesse in einem familienähnlichen Rahmen zu initiieren.

Wenn man dem Konzept von Alfred Schütz folgt, dann stellt die alltägliche Lebenswelt die selbstverständliche, „vornehmliche und ausgezeichnete Wirklichkeit des Menschen" (Schütz 1971) dar, die nicht hintergehbar, fraglos gegeben, mit anderen geteilt und Ort des Handelns bildet. Diesem fundamentalen Wirklichkeitsbereich stellt Schütz als Konstruktionen zweiter Ordnung z. B. einen wissenschaftlichen Wirklichkeitsbereich gegenüber, der aufbauend auf den Erfahrungsbereichen in der Lebenswelt eine andere Perspektive und Handlungsorientierung zum Ausdruck bringt. In der Differenz zu lebensweltlichem Handeln, bei dem es auf eine schnelle Orientierung unter Entscheidungsdruck ankommt, erhalten wissenschaftliche Zugänge und Erkenntnisse ihren Perspektiven erweiternden Status und zuweilen auch ihre Praxisrelevanz durch die Verallgemeinerbarkeit und zugleich Unabgeschlossenheit ihres Wissens, der Notwendigkeit „beständiger Selbstkorrektur" (Gadamer 1993, 14)[5] und der kritischen Reflexion ihrer Wirklichkeitsquellen und -bereiche.

---

5 Das Wissen der Wissenschaft ist nach Gadamer (1993) ein Wissen, das unabhängig von der Situation des Handelns tradiert werden kann, das aus dem praktischen Handlungszusammenhang herausgelöst und in einer neuen Situation angewandt werden

Als vorläufige Schlussfolgerung ergibt sich bezogen auf Alltagswissen und Alltagshandeln nach Schütz ein Variantenreichtum von unterschiedlichen Wissensvorräten, eine sehr unterschiedliche Verteilung von Wissensbeständen, sehr heterogene Grade von „Klarheit, Unterscheidbarkeit und Genauigkeit" (Schütz 1971, 16) der jeweils verfügbaren Wissensvorräte, so dass jeder „ein ‚Experte' in einem kleinen Bereich und ein ‚Laie' in vielen anderen, und das gleiche gilt von dir" (Schütz 1971, 16) ist. Alltägliches Handeln erweist sich als ein interaktives Geschehen mit reichlich Spielräumen für emergente (nicht von den daran beteiligten Akteuren intendierte und voraussehbare) Ergebnisse.

In der Praxis treffen zwei Expertisen aufeinander: zum einen die fachliche Expertise von Mitarbeiterinnen und Mitarbeitern von Jugendhilfebehörden und Freien Trägern, die viele Pflegeverhältnisse schon begleitet und bewertet haben und die über professionelles Wissen darüber verfügen, welche Dynamiken sich in Pflegeverhältnissen bei bestimmten Konstellationen häufig entwickeln. Zum anderen Alltagsexpertisen von Pflegeeltern, die das Kind jeden Tag sehen und mit ihm in der Regel viele Jahre zusammenleben. Diese Beziehungen und diese Expertisen müssen sozusagen miteinander ins Spiel gebracht werden, in Balance gebracht werden, ohne dass dadurch die alltägliche Praxis von Pflegeeltern, die ja gerade dadurch ihre Qualität gewinnt, dass sie eben nicht dauernd reflektiert wird, beibehalten werden kann. Es handelt sich hierbei um eine Gratwanderung und eine Konsequenz aus diesen grundsätzlichen Überlegungen von Alfred Schütz.

---

soll. Damit wird die Praxis für die Wissenschaft zum Problem, bzw. es kommt zu einer Vermischung von Lebenspraxis und Wissenschaft. Dieses praktische Wissen und Alltagshandeln zeichnet sich nach Gadamer durch mindestens drei zentrale Eigenschaften aus:

1. Es geht immer um Wahlen und Entscheidungen zwischen Möglichkeiten (Gadamer 1993, 14). Damit sind bestimmte Themen und Handlungsbereiche der Lebenswelt angesprochen, nämlich die Alltagswelt als ein Teilbereich der komplexen Lebenswelt.
2. Die Praxis benötigt abgeschlossenes, anwendbares Wissen (Gadamer 1993, 15), das aber gerade die Wissenschaft nicht liefern kann.
3. Es geht um den Umgang mit Herausforderungen des Lebens, um die Möglichkeit „sich theoretisch verhalten zu können" (Gadamer 1993, 30), d.h., der Mensch besitzt die Möglichkeit sein Handeln steuern zu können, auch gegenüber sich selbst. Das erfordert immer wieder Entscheidungen in konkreten Handlungssituationen in der Lebenspraxis. Gadamer verweist in diesem Zusammenhang auf Plessners Konzept der „Exzentrischen Positionalität" als eine anthropologische Besonderheit des Menschen (Gadamer 1993, 26 ff.). Damit ist nichts anderes gemeint, als dass es dem Menschen möglich ist, sich mit den Augen der anderen zu sehen und damit das eigene Denken und Handeln einer selbstkritischen Prüfung zu unterziehen. Die Perspektive wird in diesem Fall dezentriert vom „I" zum „Me" im Sinne Meads. Der Mensch erweise sich nach Gadamer nicht bloß als „Mängelwesen" im Sinne Gehlens, sondern zuvorderst als ein reflexives Lebewesen, das mit einem Reichtum an Fähigkeiten, Handlungsmöglichkeiten und deren „Unausgeglichenheit" ausgestattet sei.

Vor diesem skizzierten grundlagentheoretischen Hintergrund entsteht eine ambivalente Situation für die Handlungspraxis von Pflegeeltern, weil in der sozialpädagogischen Fachdiskussion vermehrt eine fachliche Vorbereitung und Qualifizierung von Pflegeeltern eingefordert und in der Jugendhilfepraxis auch umgesetzt wird:

„Moderne Pflegeelternschaft setzt zunehmend eine bewusste pädagogisch – therapeutische Haltung voraus und provoziert damit den Ruf der Pflegepersonen nach besserer Vorbereitung bis hin zu formellen Ausbildungen, nach fachlicher Begleitung und Supervision, nach ihrer Einbeziehung in Hilfekonferenzen und nach Unterstützung bei der Reintegration der Kinder in ihr Herkunftsmilieu. (...) In der fünften Phase ihrer Nachkriegsentwicklung wandelt sich die Pflegefamilie, zunächst in ihren avantgardistischen Teilen, zur ‚therapeutischen Familie" (Blandow 2004, 67).

Da es sich bei der Mehrzahl von Pflegeeltern nach wie vor um Personen handelt, die auf keine einschlägige professionelle Ausbildung im Bereich Erziehung, Sozialpädagogik, Psychotherapie u. ä. zurückgreifen können, besteht die Gefahr, dass ihr lebensweltliches Wissen und ihre Handlungspraxis durch das anders strukturierte wissenschaftliche Wissen überlagert wird. Eine mögliche Folge dieser Praxis könnte darin bestehen, dass sie weder alltagsweltlich handeln noch eine „professionelle" Transformation wissenschaftlichen Wissens auf ihre eigene Pflegefamilie oder krisenhafte Situationen vornehmen können. Dazu bedürften sie im Vorfeld ihrer Tätigkeit als Pflegeeltern einer professionellen Ausbildung. Nach dem Konzept von Schütz und Gadamer ist die Schnittstelle zwischen erfahrungsgesättigtem lebensweltlichem Denken und Handeln und erkenntniserweiterndem wissenschaftlichen Wissen ohne Handlungsdruck nicht besetzt. Diese Schnittstelle beansprucht eine professionelle Ausbildung oder eine fachliche Begleitung von Pflegeverhältnissen durch Professionelle. Die soeben skizzierten Zusammenhänge sind in der folgenden Tabelle schematisch zusammengefasst:

*Tabelle:*[6]
*Schematische Unterschiede zwischen lebensweltlichen, professionellen und wissenschaftlichen Interpretationen von sozialem Handeln*

| *Lebensweltliche Konstruktionen* | *Professionelle Konstruktionen* | *Wissenschaftliche Konstruktionen* |
|---|---|---|
| Aktive Problembewältigung | Situative, fallbezogene Reflexion aktiver Probleme von Alltagshandelnden | Reflexion aktiver Problembewältigung von Alltagshandelnden |
| Unter Rückgriff auf Erfahrungswissen | Unter Rückgriff auf eine Kombination aus wissenschaftlichen Konzepten, methodischen Verfahren und beruflichem Erfahrungswissen | Unter Rückgriff auf wissenschaftliche Konzepte |
| In einer spezifischen Situation | In einer rollenförmigen Situation | In einer typischen Situation |
| Mit dem Ziel, ein Problem zu lösen | Mit dem Ziel, ein Beitrag zur Lösung der Probleme von Alltagshandelnden zu leisten | Mit dem Ziel, neue Fragen aufzuwerfen |

Wissenssoziologisch betrachtet fundiert das lebenspraktische Wissen und Handeln von Pflegeeltern heute in unterschiedlichen, zuweilen widersprüchlichen Wirklichkeitskonstruktionen erster und weiterer Ordnungen im Sinne Schütz'. Das Handeln von Pflegeeltern kann als „melting pot" von Wissensbeständen aus unterschiedlichen Wirklichkeitsbereichen beschrieben werden, aus denen die jeweiligen Pflegeeltern die Orientierung für ihr situatives Handeln speisen. Damit wird die Gestaltung der spezifischen Handlungssituationen und der Fallbezug zum zentralen Probierstein der Einflussnahme auf das alltägliche Denken und Handeln von Laien durch die wissenschaftliche und professionelle Seite. Man kann die Problematik auch als Frage formulieren. Sie lautet dann: Wie kann es gelingen, wissenschaftliches Wissen – bzw. auf die Sozialisation bezogenes pädagogisches Wissen – so auf die konkrete Handlungssituation und den Einzelfall herunterzubrechen, dass der Status des wissenschaftlichen Wissens zur allgemeinen Orientierung erhalten bleibt und damit eine Versozialwissenschaftlichung von Lebenspraxis (vgl. Oevermann 1988, 243 ff.) im Sinne einer technologischen Anwendung in sozialen Kontexten vermieden wird? Zu einer Versozialwissenschaftlichung von Lebenspraxis kommt es hingegen dann, wenn z. B. im Rahmen von pädagogi-

6 Die Spalten zu „lebenweltlichen" und „wissenschaftlichen" Konstruktionen hat zuerst Bruno Hildenbrand formuliert.

schen Qualifzierungsprogrammen für Laien, situations- und fallunabhängige Handlungsanleitungen für die konkrete Handlungspraxis vermittelt werden. Wissenschaftliche und pädagogische Konzepte können allerdings schon Deutungs- und Erklärungsmuster, auch mögliche Handlungsoptionen aufzeigen, aber immer nur im Allgemeinen auf der Grundlage von Rekonstruktionen bisheriger Lebenspraxen, die nicht taugen für eine Eins-zu-Eins-Übertragung in zukünftige Handlungssituationen.

Wissenschaftliches Wissen kann – worauf Giegel (1988, 211 ff.) zurecht hinweist – Menschen helfen, sich aus dem Gehäuse der Alltagswelt zu emanzipieren und neue kreative Handlungsmöglichkeiten zu erschließen. Aber die konkrete Gestaltung und Ausführung dieser Projekte obliegen den Akteuren der Praxis und ihren Fähigkeiten, aus ihren Wissensbeständen, diejenigen Elemente herauszufinden oder zu entwickeln, die für die Bewältigung ihrer Lebenspraxis in einer konkreten Situation sinnvoll sind.

Das nicht auflösbare und produktive Spannungsverhältnis zwischen lebensweltlichem und wissenschaftlichem Denken und Handeln wird auch in neueren einschlägigen Studien und Publikationen zum Zusammenhang der drei genannten Wirklichkeitsbereiche deutlich (z. B. Eggert-Schmid Noerr 2009; Erikson-Bloland 2007; Hagner 2010; Illouz 2009; Pongratz 2010; Wohlgemuth 2009; Zeh 2009). Als gemeinsames Ergebnis zeigt sich, dass das Verhältnis zwischen Lebenswelt, Wissenschaft und Profession ganz im Sinne von Schütz und Gadamer so strukturiert ist, dass eine unmittelbare Übertragung zwischen den jeweiligen Wirklichkeitsbereichen letzten Endes nicht möglich ist, außer in Form einer Sozialtechnologie (vgl. z. B. Adorno 2006). Professionelles Handeln hat in diesem Zusammenhang an den Schnittstellen zwischen der unmittelbar erfahrenen Lebenswelt und der auf Herstellung von Zusammenhängen und Theoriebildung zielenden Wissenschaft eine Bindegliedfunktion. Der strukturelle Ort von fachlichem Denken und Handeln liegt zwischen lebensweltlichen und wissenschaftlichen Konstruktionen. An dieser Schnittstelle besteht die zentrale Aufgabe der Profession darin, Grenzüberleitungen zwischen Fachwissen, professionellem und lebenspraktischem Wissen von Rat- und Hilfesuchenden zu initiieren. Dabei sollten beim professionellen Handeln vier zentrale Perspektiven berücksichtigt bzw. miteinander verbunden werden:

1. der fachliche bzw. wissenschaftliche Blick und vorliegende Erkenntnisse,
2. die Aufschließung bzw. Rekonstruktion von Fallstrukturen, also die Geschichte und zentrale Muster einer Problematik,
3. die Deutung von Situationen und interaktiven Prozessen unter Einbeziehung der eigenen Person und Rolle im persönlichen und institutionellen Geflecht und

4. die Berücksichtigung präventiver Aspekte, sofern sie nicht als Handlungsanleitungen verstanden werden, sondern als allgemeine vorausschauende Orientierung im Hintergrund das eigene Handeln rahmen.

Es erscheint in diesem Zusammenhang für professionelles Handeln notwendig zu sein, auch in Zukunft die Anstrengung auf sich zu nehmen, sich immer wieder auf die Begegnung mit Menschen einzulassen, ohne dabei auf standardisierte Pfade der Problemerschließung und Gestaltung von Hilfeprozessen zurückgreifen zu können. Gerade in dieser Nicht-Standardisierbarkeit professionellen Handelns liegt die Besonderheit der Profession und zugleich die Bedingung für eine die Balance zwischen weitreichender Autonomie und Heteronomie beachtende soziale Praxis.

# Schluss: Ist die Pflegefamilie eine Als-Ob-Familie?

Die These des Als-Ob bezieht sich auf die Notwendigkeit einer Realfiktion, um die komplexen, zuweilen widersprüchlichen und paradoxen Sozialisations- und Erziehungsprozesse in Pflegefamilien rekonstruieren und damit auch differenziert verstehen zu können. So ist es möglich, die aus dem Vorhandensein von zwei vollkommen unterschiedlich strukturierten Familiensystemen resultierenden Folgen für die Sozialisation und Identitätsbildung von Pflegekindern durch den Rekurs auf die Konstitutionsbedingungen beider Familiensysteme zu verstehen. Aber auch die sich empirisch häufig einstellende Solidarität von Pflegeeltern ihren für sie zunächst fremden, verwandtschaftlich nicht verbundenen Kindern gegenüber wird mit diesem Konzept nachvollziehbarer.

Handelt es sich daher bei der Pflegefamilie um eine Als-Ob Familie? Eine Familienform, die letztlich nicht die gleiche Wertigkeit für das Kind wie seine leibliche Familie entwickeln kann, obwohl Pflegefamilien ihren Kindern eher sozialen Aufstieg und damit bessere Lebensbedingungen als Herkunftsfamilien bieten können? Diese Frage kann nicht in einem Satz beantwortet werden. Die Figur des Als-Ob weist eine Doppelstruktur auf. Einerseits kann man nicht sagen, vor allem in empirischer Hinsicht, dass die Pflegefamilie eine Als-Ob-Familie im Unterschied zur „echten", leiblichen Familie ist. Andererseits, wenn man auch die strukturelle Perspektive berücksichtigt, ist die Pflegefamilie eine Als-Ob-Familie, weil sie auf einer Fiktion gegründet ist. Die Herkunftsfamilie hingegen ist eine Familienform, die sich auf die „genetische Gemeinsamkeit" ihrer Mitglieder verlassen kann. In dieser Leiblichkeit als Konstitutionskriterium ihrer Begründung liegt ihr Potential und darin besteht ihre ideologische Unhintergehbarkeit. Auch in ideologischen Dispositiven (also unterschiedlichen Kontexten) kann sie immer auf dieses Kriterium und ihre geschützte soziale Eigenständigkeit im Unterschied zur Pflegefamilie verweisen, die zugleich ein relativ geschlossenes System begründet.

Für das Pflegekind gilt das Gleiche, weil es nie die biologische Verwandtschaft und damit die in unserer Gesellschaft gültige biologische Fiktion in der Pflegefamilie erfüllen kann (in einigen westafrikanischen Gesellschaften gibt es allerdings die „Soziale Elternschaft als dominante normative Folie, vgl. hierzu z. B. die Studie von Alber 2014 über die ethnische Gruppe der Baatombu im afrikanischen Staat Benin). Dennoch lassen sich darüber hinaus auch in allen anderen Sozialbeziehungen, die stark normativ verankert sind, Als-Ob-Ebenen nachweisen. In diesen Institutionen müssen bestimmte Sachverhalte mit Hilfe von Fiktionen geregelt werden, z. B. muss bei einer Paarbeziehung die wechselseitige Zuneigung in der Außendarstellung deutlich werden, obwohl sie sich paarintern im Laufe der Zeit verändert. Diese Konsens-, aber auch Dissensfiktionen sind in Kleingruppen (z. B. Hahn 1983), aber auch in Organisationen (vgl. z. B. Ortmann 2004) nachweisbar.

Für das Pflegekind ist seine Sozialisation in der Pflegefamilie beides: einerseits eine Realität, andererseits aber auch eine Fiktion, die aufrecht erhalten werden muss. Denn für das von den Pflegeeltern aufgenommene Kind entsteht aus dieser paradoxen Beziehungsgrundlage ein weiteres Paradox, das darin besteht, dass das Kind nicht bloß eine zweite Familie bekommt, sondern dass diese Familie immer auch nur in der Form des Als-Ob existiert. Das Wissen um den besonderen Status der Pflegefamilie ist für Pflegekinder im Unterschied etwa zu z. B. inkognito adoptierten Kindern immer gegeben. Dieser Sonderstatus zeigt sich z. B.:

- in offiziellen Akten der Begründung des Pflegeverhältnisses durch Hilfeplankonferenzen und deren Beschlüssen,
- in familiengerichtlichen Entscheidungen,
- im Vorhandensein von zwei Familiensystemen mit unterschiedlichen Nachnamen,
- im Alltag, wo Entscheidungen der Pflegeeltern häufig durch Rücksprache mit den Herkunftseltern und/oder der Jugendhilfebehörde, dem Vormund u. ä. abgestimmt werden müssen.

Normalität ist für Pflegekinder wie auch die Pflegeeltern nur im Modus des Als-Ob herstell- und lebbar und erlangte Phasen biographischer Stabilität immer wieder durch die Vorläufigkeit der Beziehungsgrundlage zumindest latent gefährdet.

Aus diesen Paradoxien entstehen für Kinder und Jugendliche in Pflegefamilien besondere soziale Herausforderungen, nämlich einerseits quasi fast familiäre Beziehungen mit einer starken emotionalen Besetzung zu den Pflegeeltern aufzubauen und gleichzeitig zu wissen, dass sie sich in einer besonderen biographischen Situation befinden. Diese Besonderheit muss im Erziehungsalltag in der Pflegefamilie normalisiert werden. Das bedeutet, dass in gewisser Weise die Sozialisation unter einem erhöhten Reflexionszwang stattfindet. Reflexionszwang in dem Sinne, dass ein neuer „Bewusstheitskontext“ (Glaser/Strauss 1974) entsteht, der nicht in jedem Augenblick aktualisiert werden muss, aber als latente Aufgabe der notwendigen Aufrechterhaltung einer Differenz fungieren muss.

# Literatur

Abels, Heinz; König, Alexandra (2010): Sozialisation. Soziologische Antworten auf die Frage, wie wir werden, was wir sind, wie gesellschaftliche Ordnung möglich ist und wie Theorien der Gesellschaft und der Identität ineinandergreifen. Wiesbaden, VS Verlag für Sozialwissenschaften.

Adam-Lauterbach, Dorothee (2013): Geschwisterbeziehung und seelische Erkrankung. Stuttgart, Klett-Cotta.

Adorno, Theodor W. (2006): Theorie der Halbbildung, Frankfurt a. M., Suhrkamp.

Alber, Erdmute (2014): Soziale Elternschaft im Wandel. Kindheit, Verwandtschaft und Zugehörigkeit in Westafrika. Berlin, Reimer Verlag.

Alber, Erdmute; Beer, Bettina; Pauli, Julia; Schnegg, Michael (Hrsg.) (2010): Verwandtschaft Heute. Positionen, Ergebnisse und Perspektiven. Berlin, Dietrich Reimer Verlag.

Andresen, Sabine; Brumlik, Micha; Koch, Claus (Hrsg.) (2013): Das Elternbuch. Wie unsere Kinder geborgen aufwachsen und stark werden, 0-18 Jahre. 50 Top-Experten geben Rat. Reinbek bei Hamburg, Rowohlt-Verlag.

Assmann, Aleida; Friese, Heidrun (Hrsg.) (1999): Identitäten. Frankfurt a. M., Suhrkamp (Erinnerung, Geschichte, Identität 3).

Baader, Meike Sophia (2013): Kinder und ihre Familien. Kinder im „doing family“, Familienerziehung und „family care“ als Desiderate der Familienforschung. In: Krüger, Dorothea Christa; Herma, Holger; Schierbaum, Anja (Hrsg.) (2013): Familie(n) heute. Entwicklungen, Kontroversen, Prognosen. Weinheim und München, Beltz Juventa, 220-243.

Baudrillard, Jean (2015): Die Konsumgesellschaft. Ihre Mythen, ihre Strukturen. Wiesbaden, Springer VS.

Bauer, Ullrich (2011): Sozialisation und Ungleichheit. Eine Hinführung. Wiesbaden, VS Verlag für Sozialwissenschaften.

Baumann, Zygmunt (2003): Flüchtige Moderne. Frankfurt a. M., Suhrkamp.

Beck, Ulrich (1986): Risikogesellschaft. Auf dem Weg in eine andere Moderne. Frankfurt a. M., Suhrkamp.

Beck, Ulrich; Beck-Gernsheim, Elisabeth (1994): Individualisierung in modernen Gesellschaften – Perspektiven und Kontroversen einer subjektorientierten Soziologie. In: Beck, Ulrich; Beck-Gernsheim, Elisabeth: Riskante Freiheiten, Frankfurt a. M., Suhrkamp, 10-39.

Bedorf, Thomas; Fischer, Joachim; Lindemann, Gesa (Hrsg.) (2010): Theorien des Dritten. Innovationen in Soziologie und Sozialphilosophie. München, Wilhelm Fink Verlag.

Belsey, Caterhine (2013): Poststrukturalismus. Stuttgart, Reclam.

Berenike-Schmidt, Renate; Schetsche, Michael (2009): Sexuelle Sozialisation. Sechs Annäherungen. Berlin, Logos Verlag.

Berger, Peter L.; Luckmann, Thomas (2003): Die gesellschaftliche Konstruktion der Wirklichkeit. Frankfurt a. M., Fischer (19. Auflage).

Bertram, Hans (2003): Die multilokale Mehrgenerationenfamilie – Von der neolikalen Gattenfamilie zur multilokalen Mehrgenerationenfamilie. In: Feldhaus, Michael; Logemann, Niels; Schlegel, Monika (Hrsg.): Blickrichtung Familie. Vielfalt eines Forschungsgegenstandes. Würzburg, Ergon Verlag, 15-32.

Bertram, Hans; Bertram, Birgit (2009): Familie, Sozialisation und die Zukunft der Kinder. Opladen & Farmington Hills, Barbara Budrich Verlag.

Bertram, Hans; Deuflhard, Carolin (2015): Die überforderte Generation. Arbeit und Familie in der Wissensgesellschaft. Opladen, Berlin, Toronto, Barbara Budrich.

Blaha, Kathrin u.a. (2013): Die Person als Organon in der Sozialen Arbeit. Erzieherpersönlichkeit und qualifiziertes Handeln. Wiesbaden, Springer VS.

Blandow, Jürgen (2004): Pflegekinder und ihre Familien. Geschichte, Situation und Perspektiven des Pflegekinderwesens. Weinheim und München, Juventa Verlag.

Bollmann, Vera (2011): Schwestern. Interaktion und Ambivalenz in lebenslangen Beziehungen. Wiesbaden, VS Verlag für Sozialwissenschaften.

Bollnow, Otto Friedrich (1966): Krise und Neuer Anfang. Beiträge zur pädagogischen Anthropologie. Heidelberg, Quelle & Meyer Verlag.

Bongaerts, Gregor (2012): Sinn. Bielefeld, Transcript.

Bonß, Wolfgang u. a. (2013): Handlungstheorie. Eine Einführung. Bielefeld, Transcript.

Boszormenyi-Nagy, Ivan; Spark, Geraldine M. (2001/1981). Unsichtbare Bindungen. Die Dynamik familiärer Systeme. Stuttgart, Klett-Cotta (7. Auflage).

Bourdieu, Pierre (1983): Ökonomisches Kapital, kulturelles Kapital, soziales Kapital. In: Kreckel, Reinhard (Hrsg.): Soziale Ungleichheiten. Soziale Welt Sonderband 2, Göttingen, 183-198.

Bourdieu, Pierre (2000): Die biographische Illusion. In: Hoerning, Erika M. (Hrsg.): Biographische Sozialisation. Stuttgart, Lucius & Lucius, 51-60.

Bowlby, John (1995): Elternbindung und Persönlichkeitsentwicklung. Therapeutische Aspekte der Bindungstheorie. Heidelberg, Dexter Verlag.

Brachmann, Jens; Coriand, Rotraud; Koerrenz, Ralf (Hrsg.) (2013): Kritik der Erziehung. Der Sinn der Pädagogik. Bad Heilbrunn, Verlag Julius Klinkhardt.

Brunner, Otto (1959): Adeliges Landleben und europäischer Geist. Leben und Werk Wolf Helmhards von Hohberg 1612-1688. Salzburg, Müller Verlag.

Brunner, Otto (1968): Das „Ganze Haus“ und die alteuropäische „Ökonomik“. In: Brunner, Otto: Neue Wege der Verfassungs- und Sozialgeschichte. Göttingen, Vandenhoeck & Ruprecht, 105-107.

Buchholz, Martin B. (1993): Dreiecksgeschichten. Eine klinische Theorie psychoanalytischer Famlientherapie. Göttingen, Vandenhoeck & Ruprecht.

Bude, Heinz (2000): Die Kunst der Interpretation. In: Flick, Uwe; von Kardorff, Ernst; Steinke, Ines (Hrsg.): Qualitative Forschung. Ein Handbuch. Reinbek bei Hamburg, Rowohts Enzyklopädie, 569-578.

Butler, Judith (2012/1991): Das Unbehagen der Geschlechter. Frankfurt a. M., Suhrkamp.

Butler, Judith (2015/2011): Zwickmühlen des Inzestverbots. In: Butler, Judith: Die Macht der Gechlechternormen und die Grenzen des Menschlichen. Frankfurt a. M., Suhrkamp, 247-259.

Bütow, Birgit; Pomey, Marion; Rutschmann, Myriam; Schär, Clarissa; Studer, Tobias (Hrsg.) (2014): Sozialpädagogik zwischen Staat und Familie – Alte und neue Politiken des Eingreifens, Wiesbaden, Springer VS.

Burkart, Günter (2008): Familiensoziologie. Konstanz, UVK.

Burkart, Günter; Kohli, Martin (1992): Liebe, Ehe, Elternschaft. Die Zukunft der Familie. München, Zürich, Piper Verlag.

Cameron, Theresa (2002): Foster Care Odyssey. A Black girl's story. New York, University of Mississipi.

Conzen, Peter (2010): Erik H. Erikson. Grundpositionen seines Werkes. Stuttgart, Kohlhammer Verlag.

Cooley, Charles H. (1909): Social Organisation. A Study of the Larger Mind. New York, Charles Scribner's Sons.

Delitz, Heike (2011): Arnold Gehlen. Konstanz, UVK.

Derrida, Jacques (1974): Grammatologie. Frankfurt a. M., Suhrkamp.

Descombes, Vincent (2013): Die Rätsel der Identität. Berlin, Suhrkamp.

Dudek, Peter (2012): „Liebevolle Züchtigung“. Ein Mißbrauch der Autorität im Namen der Reformpädagogik. Bad Heilbrunn, Julius Klinkhardt Verlag.

Durkheim, Emile (1973): Erziehung, Moral und Gesellschaft. Vorlesung an der Sorbonne 1902/1903. Neuwied am Rhein und Darmstadt, Hermann Luchterhand.

Ecarius, Jutta; Eulenbach, Marcel; Fuchs, Thorsten; Walgenbach, Katharina (2011): Jugend und Sozialisation. Wiesbaden, VS Verlag für Sozialwissenschaften.

Ecarius, Jutta; Köbel, Nils; Wahl, Katrin (2011a): Familie, Erziehung und Sozialisation. Wiesbaden, VS Verlag für Sozialwissenschaften.

Eckert-Schirmer, Jutta (1997): Einbahnstraße Pflegefamilie? Zur (Un)Bedeutung fachlicher Konzepte in der Pflegekinderarbeit. Konstanz, Arbeitspapier Nr. 23.1 der Sozialwissenschaftlichen Fakultät.

Eggert-Schmid Noerr, Annelinde u. a. (Hrsg.) (2009): Beratungskonzepte in der Psychoanalytischen Pädagogik. Gießen, Psychosozial Verlag.

Elder, Glen H. (1998): Children Of The Great Depression. Social Change in Life Experience. Boulder, Westview Press.

Engelmann, Peter (Hrsg.) (2015): Postmoderne und Dekonstruktion. Texte französischer Philosophen der Gegenwart. Stuttgart, Reclam.

Erikson, Erik Homberger (1988): Der vollständige Lebenszyklus. Frankfurt a. M., Suhrkamp Verlag.

Erikson, Erik Homberger (2002/1970): Identität und Lebenszyklus. Drei Aufsätze. Frankfurt a. M., Suhrkamp.

Erkison Bloland, Sue (2007): Im Schatten des Ruhms. Erinnerungen an meinen Vater Erik H. Erikson. Gießen, Psychosozial Verlag.

Eßlinger, Eva u. a. (Hrsg.) (2010): Die Figur des Dritten. Ein kulturwissenschaftliches Paradigma. Berlin, Suhrkamp.

Faltermeier, Josef (2001): Verwirkte Elternschaft? Fremdunterbringung, Herkunftseltern, Neue Handlungsansätze, Münster, Votum.

Faltermeier, Josef u. a. (2003): Herkunftsfamilien. Empirische Befunde und praktische Anregungen rund um die Fremdunterbringung von Kindern. Frankfurt a. M, Eigenverlag des Deutschen Vereins für öffentliche und private Fürsorge.

Fischer, Joachim (2010): Tertiarität/der Dritte. Soziologie als Schlüsseldisziplin. In: Bedorf, Thomas; Fischer, Joachim; Lindemann, Gesa (Hrsg.) (2010): Theorien des Dritten. Innovationen in Soziologie und Sozialphilosophie. München, Wilhelm Fink Verlag, 131-160.

Fischer, Joachim (2013): Soziologie aus der Perspektive der Philosophischen Anthropologie. In: Corsten, Michael; Kaupert, Michael (Hrsg.): Der Mensch – nach Rücksprache mit der Soziologie. Frankfurt a. M./New York, Campus, 33-60.

Fischer, Joachim (2016): Exzentrische Positionalität. Studien zu Helmuth Plessner. Weilerswist, Velbrück Wissenschaft.

Fivaz-Depeuringe, Elisabeth; Stern, Daniel N.; Corboz-Warnery, Antionette; Bürgin, Dieter (1998): Wann und wie das familiale Dreieck entsteht: Vier Perspektiven affektiver Kommunikation. In: Welter-Enderlin, Rosmarie; Hildenbrand, Bruno (Hrsg.): Gefühle und Systeme. Die emotionale Rahmung beraterischer und therapeutischer Prozesse. Heidelberg, Carl-Auer Verlag, 119-154.

Fivaz-Depeursinge, Elisabeth; Corboz-Warnery, Antionette (2001): Das primäre Dreieck. Vater, Mutter, Kind aus entwicklungstheoretisch-systemischer Sicht. Heidelberg, Carl- Auer Verlag.

Flick, Uwe (2009): Sozialforschung. Methoden und Anwendungen. Ein Überblick für die BA-Studiengänge. Reinbek bei Hamburg, rowohlts enzyklopädie.

Foucault, Michel (2012/1974): Die Ordnung des Diskurses. Mit einem Essay von Ralf Konersmann. Frankfurt a. M., Fischer.

Foucault Michel (2013/1981): Archäologie des Wissens. Frankfurt a. M., Suhrkamp.

Foucault, Michel (2014/1983): Der Wille zum Wissen. Sexualität und Wahrheit 1. Frankfurt a. M. , Suhrkamp (20. Auflage).

Freiburg, Annegret (2010): Geschwisterbeziehungen bei Pflegekindern. In: Braches-Chyrek; Macke, Kathrin: Wölfel, Ingrid (Hrsg.): Kindheit in Pflegefamilien. Opladen & Farmington Hills, Verlag Barbara Budrich, 92-106.

Freud, Sigmund (2009): Das Unbehagen in der Kultur und andere kulturtheoretische Schriften. Frankfurt a. M., Fischer.

Friedenthal-Haase, Martha (1991): Krise und Bewährung. Oldenburg. Bibliotheks- und Informationszentrum der Universität Oldenburg.

Frommknecht-Hitzler, Marlies (1994): Idealisierung, Idealbildung und Selbstgefühl. Eine Auseinandersetzung mit den Narzißtheorien Freuds und Kohuts. Würzburg, Köngshausen & Neumann.

Funcke, Dorett; Hildenbrand, Bruno (2009): Unkonventionelle Familien in Beratung und Therapie. Heidelberg, Carl-Auer Verlag.

Gadamer, Hans Georg (1993): Theorie, Technik, Praxis. In: Gadamer, Hans, Georg: Über die Verborgenheit der Gesundheit, Aufsätze und Vorträge, Frankfurt a. M., Suhrkamp, 11–49.

Gehlen, Arnold (2009/1950): Der Mensch. Seine Natur und seine Stellung in der Welt. Mit einer Einführung von Karl-Siegbert Rehberg. Wiebelsheim, Aula Verlag (15. Auflage).

Gehres, Walter (2003): Literaturbericht – Komplexität als Qualitätsmerkmal. Neuere Studien zur Sozialisation in Heim und Pflegefamilie. Sozialwissenschaftliche Literaturrundschau, 46, 5-19.

Gehres, Walter (2005): Jenseits von Ersatz und Ergänzung: Die Pflegefamilie als eine andere Familie. In: Zeitschrift für Sozialpädagogik, Heft 3 (Jg. 3), 246-271.

Gehres, Walter (2007): Scheitern von Pflegeverhältnissen – Ein Klärungsversuch zur Sozialisation in Pflegefamilien: Zeitschrift für Soziologie der Erziehung und Sozialisation, Heft 1 (Jg. 27), 73-87.

Gehres, Walter (2007a): Sozialisation, biographische Entwicklungen und das Jugendhilfesystem. Ein Bericht über Forschungen zur öffentlichen Sozialisation. In: Sozialwissenschaftliche Literaturrundschau, 54, 59-74.

Gehres, Walter (2008): Sozialpädagogische Fachlichkeit in der Jugendhilfe – Ein Forschungsbericht über theoretische Ansprüche und empirische Wirklichkeiten in Einrichtungen des Jugendhilfesystems. In: Sozialwissenschaftliche Literaturrundschau, 57, 65-80.

Gehres, Walter (2011): Lebenswelt, Wissenschaft, Professionalität. Ein Forschungsbericht über neuere Beiträge zur Gestaltung von Schnittstellen. In: Sozialwissenschaftliche Literaturrundschau, 62, 59-78.

Gehres, Walter (2012): Identitätsbildung bei Pflegekindern. Sozialisation im Modus des Als-Ob. In: Sozialmagazin, Heft 5 (37. Jg.), 19-30.

Gehres, Walter (2013/1997): Das zweite Zuhause. Institutionelle Einflüsse, Lebensgeschichte und Persönlichkeitsentwicklung von dreißig ehemaligen Heimkindern. Wiesbaden, Springer Fachmedien.

Gehres, Walter (2014): Zur Bedeutung familiärer Strukturen und Lebenspraxen für die Bildung von Sozialität. In: Bütow, Birgit; Pomey, Marion; Rutschmann, Myriam; Schär, Clarissa; Studer, Tobias (Hrsg.): Sozialpädagogik zwischen Staat und Familie – Alte und neue Politiken des Eingreifens. Wiesbaden, Springer VS, 221-238.

Gehres, Walter (2015): Der Doppelcharakter biographischer Krisen. Zentrale Konzepte und heuristische Implikationen. In: Sozialer Sinn, Heft 2 (16. Jg.), 143-166.

Gehres, Walter (2016): Zwischen Herkunftsfamilie und Pflegefamilie. In: Sozialpädagogische Impulse, Heft 1, 12-13.

Gehres, Walter (2016a): Heimerziehung in den Zeiten „Totaler Institutionen“. Ein Forschungsbericht über Sozialisationsbedingungen und ihre Folgen. In: Sozialwissenschaftliche Literaturrundschau (SLR), im Druck.

Gehres, Walter; Hildenbrand, Bruno (2008): Identitätsbildung und Lebensverläufe bei Pflegekindern. Wiesbaden, VS-Verlag für Sozialwissenschaften.

Gehres, Walter; Heinßen, Peter (2012a): Zwischen Lebenswelt und Fachlichkeit. Zur Qualifizierung von Pflegeeltern: Psychologisierung von Pflegefamilien? Welche Weiterbildung brauchen Pflegeeltern? Was bietet ein freier Träger? In: Pfad Berlin (Bundesverband der Pflege- und Adoptiveltern): Zwischen Jugendamt und Pflegefamilie. Freie Träger in der Pflegekinderhilfe (Tagungsband). Pfad Bundesverband, 49-64.

Gestrich, Andreas (2010): Geschichte der Familie im 19. und 20. Jahrhundert. München, Oldenbourgh Verlag (2. Auflage).

Geulen, Dieter (2007): Sozialisation. In: Joas, Hans (Hrsg.): Lehrbuch der Soziologie. 3. überarbeitete und erweiterte Auflage. Frankfurt/New York, Campus, 137-158.

Geulen, Dieter; Hurrelmann, Klaus (1980): Zur Programmatik einer umfassenden Sozialisationstheorie. In: Hurrelmann, Klaus; Ulich, Dieter: Handbuch der Sozialisationsforschung. Weinheim und Basel, Beltz Verlag, 51-67.

Giegel, Hans-Joachim (1988): Konventionelle und reflexive Steuerung der eigenen Lebensgeschichte. In: Brose, Hanns-Georg; Hildenbrand, Bruno: Vom Ende des Individuums zur Individualität ohne Ende. Opladen, Leske+Budrich, 211-241.

Giesecke, Hermann (1997): Die pädagogische Beziehung. Pädagogische Professionalität und die Emanzipation des Kindes. Weinheim und München, Juventa.

Glaser, Barney G.; Strauss, Anselm L. (1974): Interaktion mit Sterbenden. Beobachtungen für Ärzte, Schwestern, Seelsorger und Angehörige. Göttingen, Vandenhoeck & Ruprecht.

Goffman, Erving (1986/1971): Interaktionsrituale. Über Verhalten in direkter Kommunikation. Frankfurt a. M., Suhrkamp.

Goffman, Erving (1996/1967): Stigma. Über Techniken der Bewältigung beschädigter Identität. Frankfurt a. M., Suhrkamp.

Goffman, Erving (2015/2003): Wir spielen alle Theater. Die Selbstdarstellung im Alltag. München/Berlin, Piper.

Goody, Jack (2002): Geschichte der Familie. München, C.H. Beck.

Großkopf, Steffen, Winkler, Michael (Hrsg.) (2015): Das neue Misstrauen gegenüber der Familie. Kritische Reflexionen. Mit einem Vorwort von Rainer Stadler. Würzburg, Ergon (Kindheit, Familie, Pädagogik 1).

Grossmann, Karin; Grossmann, Klaus E. (2012): Bindungen – das Gefüge psychischer Sicherheit. Stuttgart, Klett-Cotta.

Habermas, Tilmann (2015): Essenzialisitische Identität und narrative Identitäten. In: Walz-Pawlita, Susanne; Unruh, Beate; Janta, Bernhard (Hrsg.): Identitäten. Gießen, Psychosozial Verlag, 43-54.

Hafner, Urs (2011): Heimkinder. Eine Geschichte des Aufwachsens in der Anstalt. Baden (Ch), Verlag hier+jetzt.

Hagner, Michael (2010): Der Hauslehrer. Die Geschichte eines Kriminalfalls. Frankfurt a. M., Suhrkamp.

Hahn, Alois (1983): Konsensfiktionen in Kleingruppen. Dargestellt am Beispiel von jungen Ehen. In: Neidhardt, Friedhelm (Hrsg.): Gruppensoziologie. Perspektiven und Materialien. Sonderheft 25 der Kölner Zeitschrift für Soziologie und Sozialpsychologie. Köln, Westdeutscher Verlag, 210-232.

Hartkopf, Werner (1987): Dialektik – Heuristik – Logik. Nachgelassene Studien. Herausgegeben von Hermann Baum, Martin Hengst, Wolfdietrich Schmied-Kowarzik. Frankfurt a. M., Athenäum Verlag.

Hees, Anna-Lena (2013): Wer bin ich wirklich? Hohen Neuendorf OT Bergfelde, AAVAA-Verlag.

Hermann, Ulrich; Schlüter, Steffen (Hrsg.) (2012): Reformpädgogik – eine kritisch-konstruktive Vergegenwärtigung. Bad Heilbrunn, Julius Klinkhardt Verlag.

Hess, Robert D.; Handel, Gerald (1980): Die Familie als psychosoziale Organisation. In: Döbert, Rainer; Habermas, Jürgen; Nunner-Winkler, Gertrud (Hrsg.): Entwicklung des Ich. Königstein/Ts, Athenäum, Hain, Scriptor, Hanstein, 32-45.

Hidas, Zoltan (2014): Im Bann der Identität. Zur Soziologie unseres Selbstverständnisses. Bielefeld, Transcript.

Hildenbrand, Bruno (2005/1999): Fallrekonstruktive Familienforschung. Anleitungen für die Praxis. Wiesbaden, VS Verlag für Sozialwissenschaften.

Hildenbrand, Bruno (2006): Resilienz, Krise und Krisenbewältigung. In: Welter-Enderlin, Rosemarie; Hildenbrand, Bruno (Hrsg): Resilienz – Gedeihen trotz widriger Umstände. Heidelberg, Carl-Auer-Verlag, 205-229.

Hildenbrand, Bruno (2007/2011): Einführung in die Genogrammarbeit. Heidelberg, Carl-Auer compact, 2. Auflage.

Hildenbrand, Bruno (2010): Familienrekonstruktion: In: Bock, Karin; Miethe, Ingrid (Hrsg.): Handbuch Qualitative Methoden in der Sozialen Arbeit. Opladen & Framington Hills, Barbara Budrich Verlag, 240-246.

Hildenbrand, Bruno (2011): Verfachlichung alltäglicher Lebenspraxis in sozialisatorischen Handlungsfeldern außerhalb von Familien: Zerstörung alltäglicher Lebenspraxis oder Eröffnung neuer Optionen? Abschlussbericht zum DFG-Projekt Teil 1. Jena, 1-35.

Hildenbrand, Bruno (2016): Verfachlichung alltäglicher Lebenspraxis von Pflegefamilien: Die Perspektive der Rezipienten. Abschlussbericht zum DFG-Projekt Teil 2, Marburg, 1-16.

Hildenbrand, Bruno; Peter, Claudia (2002): Familiengeschichtliche Gespräche zur Entwicklungsdynamik von Krankheiten. In: Schaeffer, Doris; Müller-Mundt, Gabriele (Hrsg.): Qualitative Gesundheits- und Pflegeforschung. Bern, Hans Huber Verlag, 247-268.

Hildenbrand, Bruno; Gehres, Walter (2005): Die Genese von sozialisatorischen Kompetenzen in der Pflegefamilie: Salutogenese und Resilienz. Abschlußbericht an die DFG (unter bruno.hildenbrand@uni-jena.de erhältlich).

Hirsch, Mathias (1990): Realer Inzest. Psychodynamik des sexuellen Missbrauchs in der Familie. Berlin u. a., Springer Verlag.

Hochschild, Arlie Russell (1998): Ideals of Care: Traditional, Postmodern, Cold-Modern, Warm-Modern. In: Hansen, Karen V.; Garey, Anita I.

(eds.): Families in the U.S. Kinship and Domestic Politics. Philadelphia, Temple University Press, 527-537.

Hoffmann, Eva (1993): Lost in Translation. Ankommen in der Fremde. Frankfurt a. M., Verlag Neue Kritik.

Honneth, Axel (1998): Kampf um Anerkennung. Zur moralischen Grammatik sozialer Konflikte. Frankfurt a. M., Suhrkamp.

Honneth, Axel (2011): Das Recht der Freiheit. Grundriß einer demokratischen Sittlichkeit. Berlin, Suhrkamp.

Hörner, Wolfgang; Drinck, Barbara; Jobst, Solvejg (2010): Bildung, Erziehung, Sozialisation. Opladen & Farmington Hills, Verlag Barbara Budrich.

Huinink, Johannes; Konietzka, Dirk (2007): Familiensoziologie. Eine Einführung. Frankfurt a. M., Campus.

Hurrelmann, Klaus (2002): Einführung in die Sozialisationstheorie. Weinheim und Basel, Beltz Studium.

Hurrelmann, Klaus; Bauer, Ullrich; Grundmann, Matthias; Walper, Sabine (Hrsg.) (2015/1980): Handbuch Sozialisationsforschung. Weinheim und Basel, Beltz (8., vollständig überarbeitete Auflage).

Hurrelmann, Klaus; Bauer, Ullrich (2015a): Einführung in die Sozialisationstheorie. Das Modell der produktiven Realitätsverarbeitung. Weinheim und Basel, Beltz (11. Auflage).

Husserl, Edmund (2012): Die Krisis des europäischen Menschentums und die Philosophie. Mit einer Einführung von Bernhard Waldenfels. Hamburg, CEP Europäische Verlagsanstalt.

Illouz, Eva (2009): Die Errettung der modernen Seele. Therapien, Gefühle und die Kultur der Selbsthilfe. Frankfurt a. M., Suhrkamp.

Imber-Black, Evan (2000): Die Macht des Schweigens. Geheimnisse in der Familie. München, Dtv.

Joas, Hans (1981/2000): Praktische Intersubjektivität. Die Entwicklung des Werkes von G. H. Mead. Frankfurt a. M, Suhrkamp.

Joas, Hans; Knöbl, Wolfgang (2004): Sozialtheorie. Zwanzig einführende Vorlesungen. Frankfurt a. M., Suhrkamp.

Junge, Matthias; Lechner, Götz (Hrsg.) (2004): Scheitern. Aspekte eines sozialen Phänomens. Wiesbaden, VS Verlag für Sozialwissenschaften.

Junker, Reinhold; Leber, Aloys; Leitner, Ute unter Mitarbeit von Liselotte Bieback (Hrsg.) (1978): Pflegekinder in der Bundesrepublik Deutschland. Ein Forschungsbericht. Frankfurt a. M., Eigenverlag des Deutschen Vereins für öffentliche und private Fürsorge.

Jurczyk, Karin (2014): Familie als Herstellungsleistung. Hintergründe und Konturen einer neuen Perspektive auf Familien. In: Jurczyk, Karin; Lange,

Andreas; Thiessen, Barbara (Hrsg.): Doing Family. Warum Familienleben heut nicht mehr selbstverständlich ist. Weinheim und Basel, Beltz Juventa.

Kalupner, Sibylle (2003): Die Grenzen der Individualisierung. Handlungstheoretische Grundlagen einer Zeitdiagnose. Frankfurt a. M., Campus Forschung.

Kaufmann, Claudia; Ziegler, Franz (Hrsg.): Kindeswohl. Lebien del'enfant. Eine interdisziplinäre Sicht, Zürich/Chur, Ruegger-Verlag.

Kaufmann, Jean-Claude (2004): Die Erfindung des Ich. Eine Theorie der Identität. Konstanz, UVK.

Kaufmann, Jean-Claude (2008): Wenn ICH ein anderer ist. Konstanz, UVK.

Keller, Reiner (2008): Michel Foucault. Konstanz, UVK (Klassiker der Wissenssoziologie).

Keller, Reiner (2012): Das interpretative Paradigma. Eine Einführung. Wiesbaden, Springer VS.

Keller, Reiner; Knoblauch, Hubert; Reichertz, Jo (Hrsg.) (2012): Kommunikativer Konstruktivismus. Theoretische und empirische Arbeiten zu einem neuen wissenssoziologischen Ansatz. Wiesbaden, Springer VS (Wissen, Kommunikation, Gesellschaft).

Keppler, Angela (1994): Tischgespräche. Über Formen kommunikativer Vergemeinschaftung am Beispiel der Konversation in Familien. Frankfurt a. M., Suhrkamp.

Keupp, Heiner; Höfer, Renate (Hrsg.) (1997): Identitätsarbeit heute. Klassische und aktuelle Perspektiven der Identitätsforschung. Frankfurt a. M., Suhrkamp.

Keupp, Heiner u. a. (1999): Identitätskonstruktionen. Das Patchwork der Identitäten in der Spätmoderne. Reinbek bei Hamburg, rowohlts Enzyklopädie.

Kindler, Heinz u. a. (Hrsg.) (2011): Handbuch Pflegekinderhilfe. München, DJI.

Klett, David (2013): Die Form des Kindes. Kind, Familie, Gesellschaftsstruktur. Weilerswist, Velbrück Wissenschaft.

Koerrenz, Ralf (2004): Otto Friedrich Bollnow. Ein pädagogisches Porträt. Weinheim und Basel, Beltz Verlag.

Kohli, Martin (1985): Die Institutionalisierung des Lebenslaufs: Historische Befunde und theoretische Argumente. In: Kölner Zeitschrift für Soziologie, Jg. 37, 1-29.

Kohli, Martin (1988): Normalbiographie und Individualität. Zur institutionellen Dynamik des gegenwärtigen Lebenslaufregimes. In: Brose, Hans Georg & Hildenbrand, Bruno: Vom Ende des Individuums zur Individualität ohne Ende. Opladen, Leske + Budrich, 33-54.

Kohli, Martin (2003): Der institutionalisierte Lebenslauf: ein Blick zurück nach vorn. In: Allmendinger, Jutta (Hrsg.): Entstaatlichung und soziale Sicherheit. Verhandlungen des 31. Kongresses der Deutschen Gesellschaft für Soziologie in Leipzig 2003. Opladen, Leske+Budrich, 525-545.

König, Tomke (2012): Familie heißt Arbeit teilen. Transformationen der symbolischen Geschlechterordnung. Konstanz, UVK.

Knoblauch, Hubert (2005): Wissenssoziologie. Konstanz, UVK.

Kraimer, Klaus (2000): Die Fallrekonstruktion – Bezüge, Konzepte, Perspektiven. In Kraimer, Klaus (Hrsg.): Die Fallrekonstruktion. Sinnverstehen in der sozialwissenschaftlichen Forschung. Frankfurt a. M., Suhrkamp, 23-57.

Kraimer, Klaus (2012): Devianz-Pädagogik. Kinder und Jugendliche in Krisen. Ein Lehrbuch. Ibbenbüren, Münstermann Verlag.

Krappmann, Lothar (1997): Die Identitätsproblematik nach Erikson aus einer interaktionistischen Sicht. In: Keupp, Heiner; Höfer, Renate (Hrsg.): Identitätsarbeit heute. Klassische und aktuelle Perspektiven der Identitätsforschung. Frankfurt a. M., Suhrkamp, 66-92.

Krappmann, Lothar (2001): Bindungsforschung und Kinder- und Jugendhilfe – Was haben sie einander zu bieten? In: Neue Praxis Jg. 31., 338-446.

Krappmann, Lothar (2010/1971): Soziologische Dimensionen der Identität. Strukturelle Bedingungen für die Teilnahme an Interaktionsprozessen. Stuttgart, Klett-Cotta (11. Auflage).

Kriz, Jürgen (1997): Chaos, Angst und Ordnung. Wie wir unsere Lebenswelt gestalten. Göttingen, Vandenhoeck & Ruprecht.

Kröper, Eveline; Köhler, Annemarie; Gehres, Walter (2017): „Identitätsbildung unter den Bedingungen geteilter Elternschaft in Pflegefamilien. Herstellungsleistungen von Pflege- und Herkunftsfamilien" (Arbeitstitel): In: Bergold, Pia u. a. (Hrsg.): Fragmentierte Elternschaft. Opladen, Berlin, Toronto, Barbara Budrich, in Vorbereitung.

Krüger, Dorothea Christa; Herma, Holger; Schierbaum, Anja (Hrsg.) (2013): Familie(n) heute. Entwicklungen, Kontroversen, Prognosen. Weinheim und München, Beltz Juventa.

Kuhn, Thomas S. (1976): Die Struktur wissenschaftlicher Revolutionen. Frankfurt a. M., Suhrkamp.

Kuhnt, Anne-Kristin; Steinbach, Anja (2014): Diversität von Familie in Deutschland. In: Steinbach, Anja; Hennig, Marina; Arranz Becker, Oliver (Hrsg.): Familie im Fokus der Wissenschaft. Wiesbaden, Springer VS, 41-70.

Kunze, Janine (2013): Geschenkte Wurzeln. Warum ich mit meiner wahren Familie nicht verwandt bin. München, Zürich, Pento Verlag.

Kurt, Ronald (2004): Hermeneutik. Eine sozialwissenschaftliche Einführung. Konstanz, UVK.

Lang, Hermann (1986): Die Sprache und das Unbewusste. Jacques Lacans Grundlegung der Psychoanalyse. Frankfurt a. M., Suhrkamp.

Lang, Hermann (2011): Die strukturale Triade und die Entstehung früher Störungen. Stuttgart, Klett-Cotta.

Lasch, Christopher (1981): Geborgenheit. Die Bedrohung der Familie in der modernen Welt. München, Steinhausen Verlag.

Leitner, Sylvia; Loch, Ulrike; String, Stephan (2011): Geschwister in der Fremdunterbringung. Fallrekonstruktionen von Geschwisterbeziehungen in SOS-Kinderdörfern aus der Sicht von Kindern und Jugendlichen. Mitarbeit: Schrabeck, Rita. Berlin u.a., Lit-Verlag.

Lenz, Karl (2013): Was ist eine Familie? Konturen eines universalen Familienbegriffs. In: Krüger, Dorothea Christa; Herma, Holger; Schierbaum, Anja (Hrsg.) (2013): Familie(n) heute. Entwicklungen, Kontroversen, Prognosen. Weinheim und München, Beltz Juventa, 104-125.

Lenz, Karl; Adler, Martina (2010): Einführung in die sozialwissenschaftliche Geschlechterforschung. Weinheim und München, Juventa.

Levi-Strauss, Claude (1984): Die elementaren Strukturen der Verwandtschaft. Frankfurt a. M., Suhrkamp.

Lewandowski, Sven; Koppetsch, Cornelia (Hrsg.) (2015): Sexuelle Vielfalt und die UnOrdnung der Geschlechter. Beiträge zur Soziologie der Sexualität. Bielefeld, Trancript.

Lindner, Rolf (2007): Die Entdeckung der Stadtkultur. Soziologie aus der Erfahrung der Reportage. Frankfurt a. M., New York, Campus.

Lüdke, Nico (2008): Intersubjektivität bei Schütz – oder: Ist die Frage nach dem Anderen aus der Phänomenologie entlassen? In: Raab, Jürgen u. a.: Phänomenologie und Soziologie. Theoretische Positionen, aktuelle Problemfelder und empirische Umsetzungen. Wiesbaden, VS Verlag für Sozialwissenschaften, 187-197.

Lueger, Manfred (2010): Interpretative Sozialforschung: Die Methoden. Wien, Facultas Verlag.

Lyotard, Jean-Francois (1986): Das postmoderne Wissen. Ein Bericht. Graz, Böhlau.

Marmann, Alfred (2005): Kleine Pädagogen. Eine Untersuchung über „Leibliche Kinder“ in familären Settings öffentlicher Ersatzerziehung. Frankfurt a. M., IGFH-Eigenverlag.

Marshall, Gerald E (2013): Von der Pflegefamilie in den Todestrakt. Kassel, European Association for Human Rights e.V.

Mead, George Herbert (1973): Geist, Identität und Gesellschaft aus der Sicht des Sozialbehaviorismus. Frankfurt a. M., Suhrkamp.

Minuchin, Patricia; Colapinto, Jorge; Minuchin, Salvador (2000): Verstrickt im sozialen Netz. Neue Lösungswege für Multiproblem-Familien. Heidelberg, Carl-Auer-Systeme Verlag.

Mitterauer, Michael (1990): Historisch-anthropologische Familienforschung. Fragestellungen und Zugangsweisen. Wien, Köln, Böhlau.

Mollenhauer, Klaus; Uhlendorff, Uwe (2004): Sozialpädagogische Diagnosen I. Über Jugendliche in schwierigen Lebenlagen. Weinheim und Basel, Juventa.

Morgenroth, Olaf; Schaller, Johannes (2004): Zwischen Akzeptanz und Abwehr: Psychologische Ansichten zum Scheitern. In: Junge, Matthias; Lechner, Götz (Hrsg.): Scheitern. Aspekte eines sozialen Phänomens. Wiesbaden, VS Verlag für Sozialwissenschaften, 181-198.

Müller, Burkhard (2011): Jugend und Adoleszenz in psychoanalytisch-pädagogischer Perspektive. In: Dörr, Margret; Göppel, Rolf; Funder, Antonia (Hrsg.): Reifungsprozesse und Entwicklungsaufgaben im Lebenszyklus. Jahrbuch für Psychoanalytische Pädagogik 19. Gießen, Psychosozial-Verlag, 74-91.

Mühler, Kurt (2008): Sozialisation. Eine soziologische Einführung. Paderborn, Wilhelm Fink Verlag.

Münker, Stefan; Roesler, Alexander (2012): Poststrukturalismus. Stuttgart, Weimar, J.B. Metzler (2., aktualisierte und erweiterte Auflage).

Münstermann, Klaus (2013): Kindeswohl und Pflegefamilie. Der doppelte Schutzauftrag. Ibbenbüren, Münstermann Verlag.

Nachtwey, Oliver (2016): Die Abstiegsgesellschaft. Über das Aufbegehren in der regressiven Moderne. Berlin, Suhrkamp (edition suhrkamp).

Nave-Herz, Rosemarie (2003): Eine historisch-soziologische Analyse zum Begriff Kindeswohl. In Kaufmann, Claudia; Ziegler, Franz (Hrsg.): Kindeswohl. Eine interdisziplinäre Sicht. Chur Schweiz, Ruegger Verlag, 75-83.

Nave-Herz, Rosemarie (2004): Ehe- und Familiensoziologie. Eine Einführung in Geschichte, theoretische Ansätze und empirische Befunde. Weinheim und München, Juventa.

Nave-Herz, Rosemarie (2013): Eine sozialhistorische Betrachtung der Entstehung und Verbreitung des Bürgerlichen Familienideals in Deutschland. In: Krüger, Dorothea Christa; Herma, Holger; Schierbaum, Anja (Hrsg.) (2013): Familie(n) heute. Entwicklungen, Kontroversen, Prognosen. Weinheim und München, Beltz Juventa, 18-35.

Nave-Herz, Rosemarie (2015/1994): Familie heute. Wandel der Familienstrukturen und Folgen für die Erziehung. Darmstadt, WBG (6. überarbeitete Auflage).

Nienstedt, Monika; Westermann, Armin (2004): Pflegekinder. Psychologische Beiträge zur Sozialisation von Kindern in Ersatzfamilien. Münster, Votum

Nohl, Hermann (1957): Die pädagogische Bewegung in Deutschland und ihre Theorie. Frankfurt a. M., Schulte-Bulmke Verlag.

Oelkers, Jürgen (2011): Eros und Herrschaft. Die dunklen Seiten der Reformpädagogik. Weinheim und Basel, Beltz Verlag.

Oevermann, Ulrich (1988): Eine exemplarische Fallrekonstruktion zum Typus versozialwissenschaftlichter Identitätsformation. In: Brose, Hanns-Georg; Hildenbrand, Bruno: Vom Ende des Individuums zur Individualität ohne Ende. Opladen, Leske+Budrich, 243-286.

Oevermann, Ulrich (1997): Theoretische Skizze einer revidierten Theorie professionalisierten Handelns. In: Combe, Arno; Helsper, Werner (Hrsg.): Pädagogische Professionalität. Untersuchungen zum Typus pädagogischen Handelns. Frankfurt a. M., Suhrkamp, 70-182.

Oevermann, Ulrich (2001): Die Struktur sozialer Deutungsmuster – Versuch einer Aktualisierung. In: Sozialer Sinn, Heft 1 (Jg. 1), 35-81.

Oevermann, Ulrich (2001a): Die Soziologie der Generationsbeziehungen und der historischen Generationen aus strukturalistischer Sicht und ihre Bedeutung für die Schulpädagogik. In: Kramer, Rolf-Torsten; Helsper, Werner; Busse, Susann (Hrsg.): Pädagogische Generationsbeziehungen. Opladen, Leske + Budrich, 78-128.

Oevermann, Ulrich (2004): Sozialisation als Prozess der Krisenbewältigung. In: Geulen, Dieter; Veith, Hermann (Hrsg.): Sozialisationstheorie interdisziplinär. Aktuelle Perspektiven. Stuttgart, Lucius & Lucius, 155-181.

Ortmann, Günther (2004): Als ob: Fiktionen und Organisationen. Wiesbaden, VS Verlag für Sozialwissenschaften.

Parsons, Talcott (1964): Das Inzesttabu in seiner Beziehung zur Sozialstruktur und zur Sozialisierung des Kindes (1954). In: Parsons, Talcott: Beiträger zur soziologischen Theorie. Herausgegeben und eingeleitet von Dietrich Rüschemeyer. Neuwied am Rhein, Luchterhand, 109-135.

Parsons, Talcott (1981/1968): Sozialstruktur und Persönlichkeit. Frankfurt a. M., Fischer Verlag.

Peuckert, Rüdiger (2012): Familienformen im sozialen Wandel. Wiesbaden, Springer VS (8. Auflage).

Plessner, Helmuth (2003/1928): Die Stufen des Organischen und der Mensch. Einleitung in die philosophische Anthropologie. Frankfurt a. M., Suhrkamp (Gesammelte Schriften IV).

Ploder, Andrea (2014): Qualitative Forschung als strenge Wissenschaft? Zur Rezeption der Phänomenologie Husserls in der Methodenliteratur. Konstanz, UVK.

Pongratz, Ludwig A.: (2010): Sackgassen der Bildung. Pädagogik anders denken. Paderborn u. a., Ferdinand Schöningh Verlag.

Pothmann, Jens; Wilk, Agathe (2012): Kinderschutz im Dialog. Empirische Einblicke in Beratungs- und Entscheidungssettings in Teamstrukturen am Beispiel des ASD. In: Thole, Werner u. a. (Hrsg.): Sorgende Arrangements. Wiesbaden, VS Verlag für Sozialwissenschaften, 155-173.

Przyborski, Aglaja; Wohlrab-Sahr, Monika (2008): Qualitative Sozialforschung. Ein Arbeitsbuch. München, Oldenbourg Verlag.

Radebold, Harmut; Bohleber, Werner; Zinnecker, Jürgen (Hrsg.) (2009): Transgenerationale Weitergabe kriegsbelasteter Kindheiten: Interdisziplinäre Studien zur Nachhaltigkeit historischer Erfahrungen über vier Generationen. Weinheim/Basel, Beltz Juventa.

Reckwitz, Andreas (2006). Die Transformation der Kulturtheorien. Zur Entwicklung eines Theorieprogramms. Weilerswist, Velbrück Wissenschaft.

Reimer, Daniela (2008): Pflegekinder in verschiedenen Familienkulturen. Belastungen und Entwicklungschancen im Übergang. Universität Siegen, Zentrum für Planung und Evaluation Sozialer Dienste, ZPE-Schriftenreihe Nr. 19.

Reinhold, Gerd (2000): Soziologie-Lexikon. München, Wien, R. Oldenbourg Verlag (4. Auflage).

Remiorz, Silke (2012): Erfahrungen von Pflegekindern in der Herkunftsfamilie – Pädagogische und sozialpolitische Konsequenzen. In: Nowacki, Katja (Hrsg.): Pflegekinder. Vorerfahrungen, Vermittlungsansätze und Konsequenzen. Freiburg im Breisgau, Centaurus Verlag, 25-94.

Rohwetter, Angelika; Böner Zollenkopf, Marlies (2016): Richtige Mutter – falsche Mutter? Die Rolle der leiblichen Mütter im Pflegekindersystem. Göttingen, Vandenhoeck & Ruprecht.

Rosa, Hartmut (2005): Beschleunigung. Die Veränderung der Zeitstrukturen in der Moderne. Frankfurt a. M., Suhrkamp.

Rüsen, Jörn; Straub, Jürgen (Hrsg.) (1998): Die dunkle Spur der Vergangenheit. Psychoanalytische Zugänge zum Geschichtsbewusstsein. Frankfurt a. M., Suhrkamp (Erinnerung, Geschichte, Identität 2).

Sarasin, Philipp (2006/2005): Michel Foucault zur Einführung. Hamburg, Junius (2. überarbeitete Auflage).

Sauer, Stefanie (2008): Die Zusammenarbeit von Pflegefamilie und Herkunftsfamilie in dauerhaften Pflegeverhältnissen. Widersprüche und Bewältigungsstrategien doppelter Elternschaft. Opladen & Farmington Hills, Barbara Budrich Verlag.

Scheuerer-Englisch, Hermann; Gabler, Sandra; Bovenschen, Ina (2010): Erziehungsberatung von Pflegefamilien. In: Hundsalz, Andreas; Menne,

Klaus; Scheuerer-Englisch, Hermann (Hrsg.): Jahrbuch für Erziehungsberatung, Band 8. Weinheim und München, Juventa, 71-106.

Schimank, Uwe (2013): Gesellschaft. Bielefeld, Transcript Verlag.

Schirmer, Uta (2010): Geschlecht anders gestalten. Drag Kinging, geschlechtliche Selbstverhältnisse und Wirklichkeiten. Bielefeld, Transcipt.

Schleiffer, Roland (2015): Fremdplatzierung und Bindungstheorie. Weinheim und Basel, BeltzJuventa.

Schmid, Walter (1996): „Der Versuch, die Identität des Subjekts nicht zu denken". In: Barkhaus, Annette u. a. (Hrsg.): Identität, Leiblichkeit, Normativität. Neue Horizonte anthropologischen Denkens. Frankfurt a. M., Suhrkamp, 370-379.

Schmidt, Reinhardt (2013): Kein Kind auf Zeit. Das organisierte Unglück einer Pflegefamilie. Norderstedt, Book on Demands.

Schmidt, Friederike; Schondelmayer, Anne-Christin; Schröder, Ute B. (Hrsg.) (2014): Selbstbestimmung und Anerkennung sexueller und geschlechtlicher Vielfalt. Wiesbaden, Springer Fachmedien.

Schnurr, Johannes (2012): Kooperation und Netzwerkarbeit zur Abwendung von Kindeswohlgefährdung. In: Schone, Reinhold; Tenhaken, Wolfgang (Hrsg.): Kinderschutz in Einrichtungen und Diensten der Jugendhilfe. Weinheim und Basel, Beltz Juventa, 251-269.

Schönberger, Christine (2007): Die diskrete Arbeit der Transformation. Soziologische Fallstudien zum Leben psychisch kranker Menschen in Fremdfamilien. Bern, Verlag Hans Huber.

Schofield, Gillian; Ward, Emma (2011): Unterstanding and Working with Parents of Children in Long-Term Foster Care. London and Philadelphia, Jessica Kingsley Publishers.

Scholz, Sylka; Lenz, Karl; Dreßler, Sabine (2013): In Liebe verbunden. Zweierbeziehungen und Elternschaft in populären Ratgebern von den 1950ern bis heute. Bielefeld, Transcipt.

Schone, Reinhold (2003): Sozialpädagogische Bewertungsprobleme und Handlungsstrategien bei Kindeswohlgefährdung. In: Kaufmann, Claudia; Ziegler, Franz (Hrsg.): Kindeswohl. Lebien del'enfant. Eine interdisziplinäre Sicht, Zürich/Chur, Ruegger-Verlag, 257-278.

Schone, Reinhold; Tenhaken, Wolfgang (Hrsg.) (2012): Kinderschutz in Einrichtungen und Diensten der Jugendhilfe. Weinheim und Basel, Beltz Juventa.

Schroer, Markus (2006): Räume, Orte, Grenzen. Auf dem Weg zu einer Soziologie des Raumes. Frankfurt a. M., Suhrkamp.

Schütz, Alfred (1971): Wissenschaftliche Interpretationen und Alltagsverständnis menschlichen Handelns. In: Gesammelte Aufsätze I. Das Problem der sozialen Wirklichkeit. Den Haag, Martinus Nijhoff, 3-54.

Schütze, Fritz (1997): Organisationszwänge und hoheitsstaatliche Rahmenbedingungen im Sozialwesen: Ihre Auswirkung auf die Paradoxien des professionellen Handelns. In: Combe, Arno; Helsper, Werner (Hrsg.): Pädagogische Professionalität. Untersuchungen zum Typus pädagogischen Handelns. Frankfurt a. M., Suhrkamp, 183-275.

Sennett, Richard (2014): Zusammenarbeit. Was unsere Gesellschaft zusammenhält. München, dtv Verlagsgesellschaft.

Sieder, Reinhard (2008): Patchworks – das Familienleben getrennter Eltern und ihrer Kinder: Mit einem Vorwort von Helm Stierlin. Stuttgart, Klett-Cotta.

Sieder, Reinhard (2012): Geschiedene Eltern, verstörte Kinder – oder ein neues Familienleben? Mit Vorworten von Hubert Christian Ehalt und Bettina Dausien. Wien, Picus Verlag (Reihe Wiener Vorlesungen, Edition Gesellschaftskritik).

Sigusch, Volkmar (2013): Sexualitäten. Eine kritische Theorie in 99 Fragmenten. Frankfurt a. M., Campus.

Simmel, Georg (1992): Die quantitative Bestimmtheit der Gruppe. In: Simmel, Georg: Soziologie. Untersuchungen über die Formen der Vergesellschaftung. Herausgegeben von Otthein Rammstedt. Frankfurt a. M., Suhrkamp, 63-159.

Simmel, Georg (2008): Individualismus der modernen Zeit und andere soziologische Abhandlungen. Ausgewählt und mit einem Nachwort von Otthein Rammstedt. Frankfurt a. M., Suhrkamp.

Simmel, Georg (2008a): Das Problem der Soziologie. In: Simmel, Georg: Individualismus der modernen Zeit und andere soziologische Abhandlungen. Ausgewählt und mit einem Nachwort von Otthein Rammstedt. Frankfurt a. M., Suhrkamp, 31-38.

Steinke, Ines (2000): Geltung und Güte. Bewertungskriterien für qualitative Forschung. In: Kraimer, Klaus (Hrsg.): Die Fallrekonstruktion. Sinnverstehen in der sozialwissenschaftlichen Forschung. Frankfurt a. M., Suhrkamp, 201-236.

Stierlin, Helm. (1980): Eltern und Kinder. Das Drama von Trennung und Versöhnung im Jugendalter. Frankfurt a. M., Suhrkamp.

Straub, Jürgen (1998): Personale und kollektive Identität. Zur Analyse eines theoretischen Begriffs. In: Assmann, Aleida; Friese, Heidrun: Identitäten. Erinnerung, Geschichte, Identität. Frankfurt a. M., Suhrkamp-Verlag, 73-104.

Straub, Jürgen (2015): Ein Selbstbildnis erzählen. Narrative Identität, Kontingenz und Migration. In: Walz-Pawlita, Susanne; Unruh, Beate; Janta, Bernhard (Hrsg.): Identitäten. Gießen, Psychosozial Verlag, 17-42.

Strauss, Anselm L. (1959): Spiegel und Masken. Die Suche nach Identität. Frankfurt a. M., Suhrkamp Verlag.

Strebe, Melanie (2008): In meiner Kindheit gefangen. Vom Pflegekind zur Patchwork-Familie. Norderstedt, Books on Demand.

Strübing, Jörg (2013): Qualitative Sozialforschung. Eine komprimierte Einführung für Studierende. München, Oldenbourg Verlag.

Suess, Gerhard J.; Hammer, Wolfgang (Hrsg.) (2010): Kinderschutz. Risiken erkennen, Spanngungsverhältnisse gestalten. Stuttgart, Klett-Cotta.

Swartz, Teresa Toguchi (2005): Parenting for the State. An Ethnographic Analysis of Non-Profit Foster Care. New York & London, Routlege.

Swientek, Christine (2001): Adoptierte auf der Suche ... nach ihren Eltern und nach ihrer Identität. Freiburg im Breigau. Herder spektrum.

Taylor, Claire (2006): Young People in Care and Criminal Behaviour. Foreword by David Smith. London and Philadelphia, Jessica Kingsley Publishers.

Tillmann, Klaus-Jürgen (2010/1989): Sozialisationstheorien. Eine Einführung in den Zusammenhang von Gesellschaft, Institution und Subjektwerdung. Reinbek bei Hamburg, rowohlt enzyklopädie.

Turner, Ralph H. (1962): Role-Taking: Process Versus Conformity. In: Rose, Arnold M (ed.): Human Behaviour and Social Processes. An Interactionist Approach. London, Routledge, 20-40.

Tschöpe-Scheffler, Sigrid (2003): Elternkurse auf dem Prüfstand. Wie Erziehung wieder Freude macht. Opladen, Leske + Budrich.

Tyrell, Hartmann; Rammstedt, Otthein; Meyer, Ingo (Hrsg.) (2011): Georg Simmels große ‚Soziologie'. Eine kritische Sichtung nach hundert Jahren. Bielefeld, transcipt.

Unverzagt, Gerlinde (2010): Eltern an die Macht. Warum wir es besser wissen als Lehrer, Erzieher und Psychologen. Berlin, Ullstein Verlag.

Vaihinger, Hans (2007/1911): Die Philosophie des Als Ob. System der theoretischen, praktischen und religiösen Fiktionen der Menschheit auf Grund eines idealistischen Positivismus. Saarbrücken: Verlag Dr. Müller.

Van Gennep, Arnold (2005/1901): Übergrangsriten (Les rites de passage). Franfurt a. M./New York, Campus Bibliothek (3., erweiterte Auflage).

Veith, Hermann (2008): Sozialisation. München, Basel, Ernst Reinhardt Verlag.

Wagner, Hans-Josef (2004): Sozialität und Reziprozität. Strukturale Sozialisationstheorie I. Frankfurt a. M., Humanties Online.

Waldenfels, Bernhard (1987): Ordnung im Zwielicht. Frankfurt a. M., Suhrkamp.

Walz-Pawlita, Susanne; Unruh, Beate; Janta, Bernhard (Hrsg.) (2015): Identitäten. Gießen, Psychosozial Verlag.

Weber, Max (1995): Die „Objektivität" sozialwissenschaftlicher und sozialpolitischer Erkenntnis. Baden, Schutterwald.

Welter-Enderlin, Rosemarie; Hildenbrand, Bruno (1998): Gefühle und Systeme. Die emotionale Rahmung beraterischer und therapeutischer Prozesse. Heidelberg, Carl-Auer-Systeme.

Welter-Enderlin, Rosemarie; Hildenbrand, Bruno (2004): Systemische Therapie als Begegnung. Stuttgart, Klett-Cotta, 4., völlig überarbeitete und erweiterte Auflage.

Welter-Enderlin, Rosmarie; Hildenbrand, Bruno (Hrsg.) (2006): Resilienz – Gedeihen trotz widriger Umstände. Heidelberg, Carl-Auer Verlag.

Welsch, Wolfgang (1987): Unsere postmoderne Moderne. Weinheim, VCH Acta Humaniora.

Werner, Emmy E.; Smith, Ruth S. (2001): Journeys from Childhood to Midlife. Risk, Resilience, and Recovery. Ithaca and London, Cornell University Press.

Wiesner, Reinhard (2015): Rechtliche Vorgaben zur Zusammenarbeit mit den Eltern in der Pflegekinderhilfe. In: Forum Erziehungshilfen 4/2015, 196-201.

Wiesner, Reinhard (2015a): Kinder(rechte) zwischen Eltern und Staat – oder haben Eltern nur (noch) Kinderrechte zu verwirklichen? In: Großkopf, Steffen; Winkler, Michael (Hrsg.): Das neue Misstrauen gegenüber der Familie. Kritische Reflexionen. Mit einem Vorwort von Rainer Stadler. Würzburg, Ergon (Kindheit, Familie, Pädagogik 1), 35-53.

Winkler, Michael (1988): Eine Theorie der Sozialpädagogik. Stuttgart, Klett-Cotta.

Winkler, Michael (2012): Erziehung in der Familie. Innenansichten des pädagogischen Alltags. Stuttgart, Kohlhammer Verlag.

Wohlgemuth, Katja (2009): Prävention in der Kinder- und Jugendhilfe. Annäherungen an eine Zauberformel. Wiesbaden, VS Verlag für Sozialwissenschaften.

Wohlwend, Lotty; Honegger, Arthur (2004): Gestohlene Seelen. Verdingkinder in der Schweiz. Frauenfeld, Stuttgart, Wien, Huber (Schweiz).

Wojcieszuk, Magdalena (2010): Der Mensch wird am Du zum Ich. Eine Auseinandersetzung mit der Dialogphilosophie des 20. Jahrhunderts. Herbolzheim, Centaurus Verlag.

Zahlmann, Stefan; Scholz, Sylka (Hrsg.) (2005): Scheitern und Biographie. Die andere Seite moderner Lebensgeschichten. Gießen, Psychosozial-Verlag.

Zeh, Juli (2009): Corpus Delicti. Ein Prozess. Frankfurt a. M., Schöffling & Co.

*Autoreninformation*

Walter Gehres, Dr. phil. habil., Jg. 1959, verheiratet, drei erwachsene Kinder. Studium der Soziologie, Psychologie, Politologie und Philosophie an der Universität Frankfurt a. M. und der FU Berlin. Langjährige Tätigkeit und Forschung im Bereich öffentlich verantworteter Sozialisation, u. a. in drei von der DFG geförderten Projekten am Institut für Soziologie der Universität Jena. Promotion 1995 an der FU Berlin über biographische Folgen von Heimerziehung, Habilitation an der Universität Hildesheim 2014. Seit 2011 Professur für „Sozialisation, Erziehung und Bildung über die Lebensalter“ an der Fakultät für Sozialwissenschaften an der Hochschule für Technik und Wirtschaft des Saarlandes in Saarbrücken und seit 2014 zusätzlich Privatdozent am Fachbereich 1 Erziehungs- und Sozialwissenschaften an der Stiftung Universität Hildesheim.

## ERZIEHUNG – SCHULE – GESELLSCHAFT

ISSN 1432-0258

Herausgegeben von
Winfried Böhm | Wilhelm Brinkmann | Johanna Hopfner
Jürgen Oelkers | Roland Reichenbach | Sabine Seichter
Michel Soëtard | Michael Winkler

1-40 | Informationen entnehmen Sie bitte unserer Homepage: www.ergon-verlag.de

41 | Behnisch, Michael
Pädagogische Beziehung. Zur Funktion und Verwendungslogik eines Topos der Jugendhilfe
(vergriffen) ISBN 978-3-89913-483-4

42 | Eykmann, Walter – Böhm, Winfried (Hrsg.)
Die Person als Maß von Politik und Pädagogik
2006. 204 S. Kt. € 29,00
ISBN 978-3-89913-503-9

43 | Erhardt, Matthias
Perspektiven für das bayerische Gymnasium im 21. Jahrhundert durch strukturelle Veränderungen. Eine Untersuchung zur Umsetzung gymnasialer Bildungsvorstellungen in Bayern unter besonderer Berücksichtigung der Oberstufe
2006. 173 S. Kt. € 25,00
ISBN 978-3-89913-506-0

44 | Schotte-Grebenstein, Evelin
Vermittelter Fremdsprachenerwerb im Elementarbereich: Englisch als 1. Fremdsprache im Kindergarten
2006. 227 S. Kt. € 32,00
ISBN 978-3-89913-511-4

45 | Rauer, Wulf
Elternkurs Starke Eltern – Starke Kinder®. Wirkungsanalysen bei Eltern und ihren Kindern in Verknüpfung mit Prozessanalysen in den Kursen.
2009. 447 S. Kt. € 55,00
ISBN 978-3-89913-509-1

46 | Brinkmann, Wilhelm – Schulz-Gade, Herwig Heinrich (Hrsg.)
Böschen, Markus (Mitarb.)
Erkennen und Handeln. Pädagogik in theoretischer und praktischer Verantwortung. Albert Reble (1910-2000) zum Gedenken
2007. 237 S. Fb. € 32,00
ISBN 978-3-89913-542-8

47 | Kahl-Popp, Jutta
Lernen und Lehren psychotherapeutischer Kompetenz am Beispiel der psychoanalytischen Ausbildung
2007. 264 S. Kt. € 35,00
ISBN 978-3-89913-560-2

48 | Handwerker, Martin
Heilpädagogik und Bioethik im Lichte der Person
2007. 425 S. Kt. € 54,00
ISBN 978-3-89913-576-3

49 | Muhl, Gabriela
Kevin. Eine theaterpädagogische Fallstudie über einen auffälligen Schüler
2007. 217 S. Kt. € 28,00
ISBN 978-3-89913-579-4

50 | Herwig, Birgit
Der Mensch, das irrende Wesen. Die personalistische Therapie Viktor Emil von Gebsattels im Lichte einer personalistischen Pädagogik
2009. 325 S. Kt. € 42,00
SBN 978-3-89913-682-1

51 | Madlener, Nadja
Grüne Lernorte. Gemeinschaftsgärten in Berlin
2009. 276 S. Kt. € 38,00
ISBN 978-3-89913-683-8

ERGON-VERLAG · WÜRZBURG

ERZIEHUNG – SCHULE – GESELLSCHAFT
ISSN 1432-0258
Herausgegeben von
Winfried Böhm | Wilhelm Brinkmann | Johanna Hopfner
Jürgen Oelkers | Roland Reichenbach | Sabine Seichter
Michel Soëtard | Michael Winkler

52 | Mielityinen, Mari
Das Ästhetische in Schleiermachers Bildungstheorie. Theorie eines individuellen Weltbezuges unter Einbeziehung der Theorie des Ästhetischen bei Schiller
2009. 164 S. Kt. € 25,00
ISBN 978-3-89913-684-5

53 | Steidl, Petra
Musik und Bildung. Die Verknüpfung musik- und bildungsphilosophischer Konzepte bei A. Augustinus, J. J. Rousseau und Th. W. Adorno
2009. X/518 S. Fb. € 68,00
ISBN 978-3-89913-708-8

54 | Schaffar, Birgit
Allgemeine Pädagogik im Zwiespalt. Zwischen epistemologischer Neutralität und moralischer Einsicht
2009. 236 S. Kt. € 38,00
ISBN 978-3-89913-713-2

55 | Pauls, Torben
Bildung und Praxis. Studien zur hermeneutischen Bildungstheorie Günther Bucks
2009. 146 S. Kt. € 24,00
ISBN 978-3-89913-723-1

56 | Gansen, Peter
Metaphorisches Denken von Kindern. Theoretische und empirische Studien zu einer Pädagogischen Metaphorologie
2010. 540 S. Kt. € 59,00
ISBN 978-3-89913-742-2

57 | Bertsche, Oliver
Erziehungswissenschaft als Systematische Pädagogik. Die prinzipienwissenschaftliche Pädagogik Marian Heitgers
2010. 432 S. Fb. € 58,00
ISBN 978-3-89913-780-4

58 | Schneider, Wolfgang
Phänomenologie und Pädagogik. Eine geschichtlich-systematische Studie
2010. 395 S. Fb. € 42,00
ISBN 978-3-89913-752-1

59 | Henkel, Katrin
Zum Arbeitsunterricht im Herbartianismus. Eine Untersuchung zur thematischen Differenziertheit in herbartianischen Diskussionen
2010. 269 S. Kt. € 37,00
ISBN 978-3-89913-809-2

60 | Geissler, Erich E.
Theodor Litt: Was den Menschen zum Menschen macht
2011. 200 S. Kt. € 32,00
ISBN 978-3-89913-828-3

61 | Hörner, Frank
Leiten oder leiden? – Transformationen des Schulleitungshandelns. Eine qualitative Studie zum Umgang von Schulleiterinnen und Schulleitern bayerischer Grund- und Hauptschulen mit dienstlichen Beurteilungen
2011. 253 S. Fb. € 32,00
ISBN 978-3-89913-866-5

ERGON-VERLAG · WÜRZBURG

## ERZIEHUNG – SCHULE – GESELLSCHAFT

ISSN 1432-0258

Herausgegeben von
Winfried Böhm | Wilhelm Brinkmann | Johanna Hopfner
Jürgen Oelkers | Roland Reichenbach | Sabine Seichter
Michel Soëtard | Michael Winkler

62 | Bartel, Franziska
Die Entstehung des Erziehungsdenkens bei Schleiermacher
2012. 249 S. Fb. € 39,00
ISBN 978-3-89913-862-7

63 | Großkopf, Steffen
Industrialisierung der Pädagogik. Eine Diskursanalyse
2012. 449 S. Kt. € 58,00
ISBN 978-3-89913-886-3

64 | Eder, Roswitha K.
Die Bedeutung der Lehrerstimme für den Prozess der Verständigung zwischen Lehrer und Schüler. Konzept einer Leiblichen Stimmbildung
2012. 329 S. Fb. € 42,00
ISBN 978-3-89913-919-8

65 | Kabaum, Marcel
Milieutheorie deutscher Pädagogen (1926–1933). Pädagogische Soziologie bei Walter Popp, Adolf Busemann und Max Slawinsky
2013. 116 S. Kt. € 24,00
ISBN 978-3-89913-948-8

66 | Gangl, Verena
Metamorphosen der Diätetik und Psychohygiene zur Gesundheitserziehung
2013. 340 S. Fb. € 48,00
ISBN 978-3-89913-981-5

67 | Schepper, Anna Margarita
Das Soziale im Vorgeburtlichen. Interaktionstheoretische Analyse und erziehungswissenschaftliche Reflexion
2013. 233 S. Kt. € 32,00
ISBN 978-3-89913-989-1

68 | Köpcke-Duttler, Arnold
Medizin und Pädagogik im Gespräch
2013. 162 S. Fb. € 28,00
ISBN 978-3-89913-990-7

69 | Sauerbrey, Ulf
Zur Spielpädagogik Friedrich Fröbels. Eine systematische Analyse des Verhältnisses von Aneignung und Vermittlung im Kinderspiel anhand spielpädagogisch relevanter Briefe
2013. 382 S. Kt. € 48,00
ISBN 978-3-89913-996-9

70 | Looke, Anja
Victor und Jean. Die Erziehung eines Wilden und ihre Wirkungsgeschichte
2013. 363 S. Kt. € 45,00
ISBN 978-3-95650-001-5

71 | Häußermann, Viktoria
Armut im Grundschulalltag. Eine qualitative Studie über die lebensweltlichen Erfahrungen von Kindern und pädagogischen Fachkräften
2014. 268 S. Kt. € 38,00
ISBN 978-3-95650-033-6

72 | Ziegler, Mario
Die Schulung des Blicks im Ethikunterricht. Perspektiven einer intuitionistischen Didaktik
2014. 290 S. Fb. € 42,00
ISBN 978-3-95650-038-1

73 | Czarny, Moritz
Friedrich Schleiermacher und die Sozialpädagogik. Eine Rekonstruktion unter besonderer Berücksichtigung der strukturtheoretischen Professionstheorie
2014. 195 S. Kt. € 28,00
ISBN 978-3-95650-042-8

ERGON-VERLAG · WÜRZBURG

ERZIEHUNG – SCHULE – GESELLSCHAFT

ISSN 1432-0258

Herausgegeben von
Winfried Böhm | Wilhelm Brinkmann | Johanna Hopfner
Jürgen Oelkers | Roland Reichenbach | Sabine Seichter
Michel Soëtard | Michael Winkler

74 | Remke, Sara
Freiheit und Soziale Arbeit.
Erkundungen bei Erich Fromm
2015. 255 S. Kt. € 34,00
ISBN 978-3-95650-110-4

75 | Fröse, Marlies W.
Transformationen in «sozialen» Organisationen. Verborgene Komplexitäten. Ein Entwurf
2015. 584 S. Fb. € 58,00
ISBN 978-3-95650-111-1

76 | Gronert, Maren – Schraut, Alban (Hrsg.)
Sicht-Weisen der Reformpädagogik
2016. 255 S. Kt. € 28,00
ISBN 978-3-95650-148-7

77 | Gehres, Walter
Als-Ob-Sozialisation? Perspektiven auf die familiensoziologische Identitätsbildung von Pflegekindern
2016. 135 S. Fb. € 28,00
ISBN 978-3-95650-161-6

ERGON-VERLAG · WÜRZBURG

Zeitfracht Medien GmbH
Ferdinand-Jühlke-Straße 7
99095 Erfurt, Deutschland
produktsicherheit@kolibri360.de